¿Quién fue?
Historia del mundo

T0018686

¿Quién fue?
Historia del mundo

Paula K. Manzanero

ilustraciones de Robert Squier, Nancy Harrison, y otros

traducción de Yanitzia Canetti

Penguin Workshop

Para mi aficionada favorita a la historia:
Marie K. en PA, mi mamá—PM

Para Stanley y Stanley (uno, un testigo del pasado, el
otro, un testigo del futuro)—RS

PENGUIN WORKSHOP
Un sello editorial de Penguin Random House LLC, Nueva York

Publicado por primera vez en los Estados Unidos de América por Penguin Workshop,
un sello editorial de Penguin Random House LLC, Nueva York, 2019

Edición en español publicada por Penguin Workshop, un sello editorial de
Penguin Random House LLC, Nueva York, 2023

Derechos © 2019 de Penguin Random House LLC
Derechos de la traducción en español © 2023 de Penguin Random House LLC

Traducción al español de Yanitzia Canetti

Visítanos en línea: penguinrandomhouse.com.

Los datos de catalogación de la publicación de la Biblioteca del Congreso están disponibles.

Impreso en los Estados Unidos de América

ISBN 9780593658239   10 9 8 7 6 5 4 3 2 1 WOR

Hola, aficionados a la historia y fans de ¿Quién fue? ¿Sabían que el planeta Tierra tiene alrededor de 4600 millones de años? Los humanos ya habían desarrollado herramientas, el fuego y la pintura rupestre, antes de que naciera el rey Tut. Los primeros agricultores cultivaban, criaban animales y establecían aldeas y pueblos. *¿Quién fue? Historia del mundo* es un viaje a lo largo del tiempo, señalando cuándo tuvieron lugar por primera vez 150 de los acontecimientos de nuestra serie (¡Feliz cumpleaños a todos!) y qué sucedía en el mundo en ese momento. Sigan el curso de la historia para saber quién hacía qué y cuándo, desde los días del antiguo Egipto, hasta el presente.

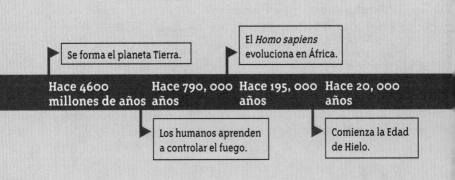

Se forma el planeta Tierra.

El *Homo sapiens* evoluciona en África.

| Hace 4600 millones de años | Hace 790, 000 años | Hace 195, 000 años | Hace 20, 000 años |

Los humanos aprenden a controlar el fuego.

Comienza la Edad de Hielo.

El antiguo Egipto fue una poderosa civilización que duró tres mil años, desde alrededor de 3100 a. C.* hasta 30 a. C. En el Valle de los Reyes, a lo largo del río Nilo, los egipcios construyeron enormes pirámides y templos para honrar a sus faraones, reinas y familias reales.

* Esto significa "Antes de Cristo". Consulta la página 7 para obtener más información.

Stonehenge se construye entre el año 3000 a. C. y 1600 a. C.

3000 a. C.

1341 a. C.

Nace el rey Tut.

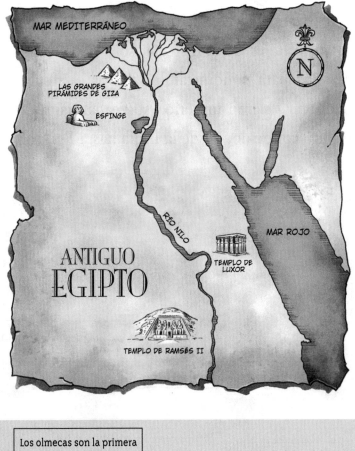

MAR MEDITERRÁNEO

LAS GRANDES PIRÁMIDES DE GIZA

ESFINGE

RÍO NILO

ANTIGUO EGIPTO

TEMPLO DE LUXOR

MAR ROJO

N

TEMPLO DE RAMSÉS II

Los olmecas son la primera civilización establecida en ciudades de América Central.

1200 a. C.   776 a. C.

Los antiguos griegos celebran sus primeros juegos en Olimpia.

Alejandro Magno, uno de los más grandes militares de la historia, solo necesitó unos 10 años para conquistar los reinos existentes y establecer su gran imperio. Abarcaba casi todo el mundo conocido, desde la India hasta Egipto.

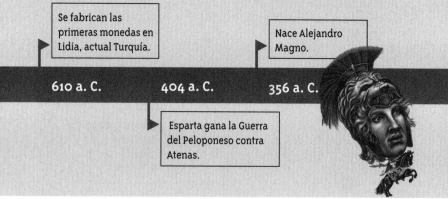

Se fabrican las primeras monedas en Lidia, actual Turquía.

Nace Alejandro Magno.

610 a. C.   404 a. C.   356 a. C.

Esparta gana la Guerra del Peloponeso contra Atenas.

Alejandro, que nació en Pella, Macedonia (actual Grecia), llevaba consigo la lengua y la cultura griegas. ¡Y le encantaba dar su nombre a las ciudades! Estas son solo algunas de las muchas ciudades "Alejandro" y sus ubicaciones actuales. ¡Hay más de 70 en total!

- Alejandría (Egipto)
- Alejandría Ariana (Afganistán)
- Alejandría Carmania (Irán)
- Alejandría Eschate (Tayikistán)
- Alejandría Orietai (Pakistán)
- Alejandría en el Cáucaso (Afganistán)
- Alejandría en el Indo (Pakistán)

Se comienza la construcción de La Gran Muralla china cuando el emperador Qin Shi Huang conecta fortificaciones anteriores para proteger su nueva dinastía.

350 a. C.   c. 221 a. C.

Comienza la cultura Nazca del Perú.

uando Julio César dijo: "Vine, vi, conquisté", no estaba bromeando. Cuando Jesús nació, César llevaba muerto más de 40 años. Pero durante la vida de Jesús, los romanos controlaron un enorme imperio gracias al plan de expansión de César. El Imperio romano abarcaba tierras alrededor del Mar Mediterráneo, desde España, Francia y partes del norte de África hasta Turquía y Siria.

Jesús nació en un establo en Belén hace más de dos mil años, en la actual Palestina. Sus seguidores lo llamaron "Cristo", que significa "salvador". Siglos más tarde, los monjes cristianos (seguidores

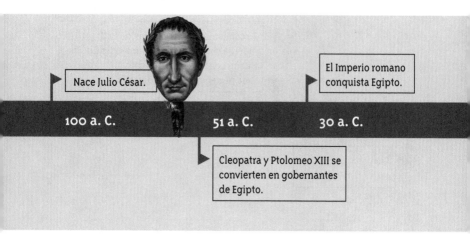

Nace Julio César.

El Imperio romano conquista Egipto.

100 a. C.   51 a. C.   30 a. C.

Cleopatra y Ptolomeo XIII se convierten en gobernantes de Egipto.

de Cristo), diseñaron un calendario que llamaba a todo lo que sucedió antes de nacer Jesús B. C., o sea, *before Christ.* Y contaron esos años hacia atrás desde el año uno.

Debido a que los monjes escribían sus relatos en latín, abreviaron *anno Domini* (en el año del Señor), como A. D. Así que cualquier cosa que sucediera después de nacer Jesús (cualquier cosa después del año uno) fue anotada como A. D.

Pero hoy en día, usamos los términos a. C. que significa "antes de Cristo" y d. C. para "después de Cristo". ¡Puede ser confuso! Pero la línea divisoria sigue siendo el primer año.

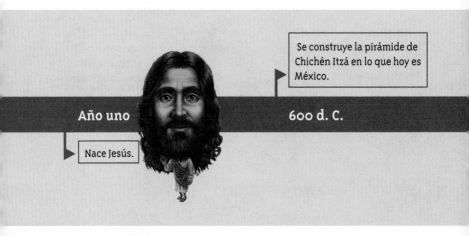

Se construye la pirámide de Chichén Itzá en lo que hoy es México.

Año uno

600 d. C.

Nace Jesús.

Para cuando Leif Erikson llegó a Terranova, Canadá, alrededor de 1001, la era clásica de la civilización maya, muy al sur, había terminado. En lo profundo de las selvas de América Central,

los mayas ya habían desarrollado un sistema completo de escritura, un calendario sofisticado y tenían un amplio dominio de las Matemáticas y la Astronomía.

El glifo o símbolo maya, para el cero, era una concha.

Los chinos inventan y utilizan la pólvora por primera vez.

Auge de la construcción de castillos en Europa.

850   970   Años 1000

Nace Leif Erikson.

En 1215, los barones nobles de Inglaterra obligaron al rey Juan a firmar la Carta Magna. Le estaban exigiendo un contrato que garantizara la justicia bajo la ley, un primer paso importante en la protección contra cualquier acción cruel  o irrazonable de los reyes. El establecimiento del estado de derecho fue la base para las democracias futuras.

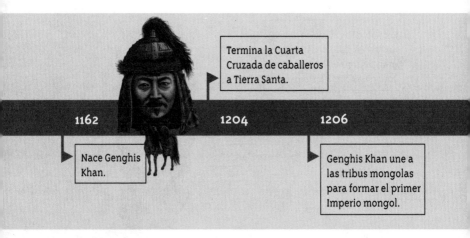

Termina la Cuarta Cruzada de caballeros a Tierra Santa.

1162

1204

1206

Nace Genghis Khan.

Genghis Khan une a las tribus mongolas para formar el primer Imperio mongol.

La Ruta de la Seda

La Ruta de la Seda se extendía por más de 4000 millas desde el Mar Mediterráneo en el oeste hasta China en el este. Del 200 a. C. al 1400, fue la ruta comercial más importante del mundo. Muchos productos viajaban en ambas direcciones. Alimentos, vino, sal y cristalería se llevaban al este. Y la seda, el papel y la pólvora se traían al oeste.

Marco Polo, un italiano que describió sus viajes por la Ruta de la Seda en 1298, fue su viajero más famoso. Mientras el joven Marco iba y venía, el

El pueblo Rapa Nui, de la Isla de Pascua, comienza a tallar grandes figuras humanas conocidas como los *moai*.

1250   1254

Nace Marco Polo.

Imperio mongol, fundado por Genghis Khan, ya había alcanzado la cima de su poder e influencia en 1279.

Se inventan las primeras gafas para leer.

1286

1347

A partir de 1347, la peste, también llamada muerte negra, mata a casi 200 millones de personas en Europa.

La Guerra de los Cien Años

La Guerra de los Cien Años entre Francia e Inglaterra duró desde los años 1330 hasta los 1450. No se luchó permanentemente durante cien años, pero aun así: fue mucho tiempo en guerra. Después de muchas batallas, Juana de Arco condujo a los franceses a una importante victoria en Orleans, en 1429.

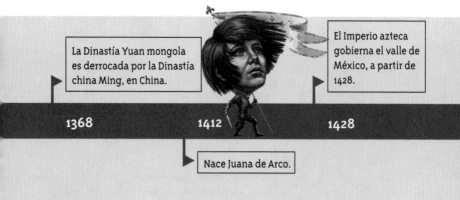

La Dinastía Yuan mongola es derrocada por la Dinastía china Ming, en China.

El Imperio azteca gobierna el valle de México, a partir de 1428.

1368

1412

1428

Nace Juana de Arco.

El arco largo inglés

Inventado alrededor de 1200, el arco largo inglés fue una gran ayuda para los ingleses en sus batallas contra los franceses. Era más largo y mucho más poderoso que los arcos ordinarios de la época.

Nace Cristóbal Colón.

1450   1451

El Reino medieval de Zimbabwe alcanza su apogeo.

El Renacimiento (1300-1650)

Antigua estatua griega conocida como la Venus de Milo

El Renacimiento comenzó en Italia a principios de 1300 y se extendió por toda Europa. Mostró una nueva apreciación de las ideas clásicas de la antigua Grecia y Roma. Artistas como Leonardo da Vinci todavía pintaban temas religiosos en esa época. Pero también querían mostrar la belleza de la naturaleza y el cuerpo humano,

Nace Leonardo da Vinci.

1452

tal como lo habían hecho las culturas antiguas.

William Shakespeare, nacido en 1564, fue uno de los primeros dramaturgos en destacar el lado humano de sus personajes, para mostrar a las personas como realmente son, llevando las ideas centrales del Renacimiento al teatro. Escribió obras de teatro sobre personas a veces con alguna discapacidad y su vida cotidiana. Shakespeare vio la belleza en la naturaleza humana, incluso con todas sus imperfecciones.

"El pie humano es una obra maestra de la ingeniería y una obra de arte."
—Leonardo da Vinci

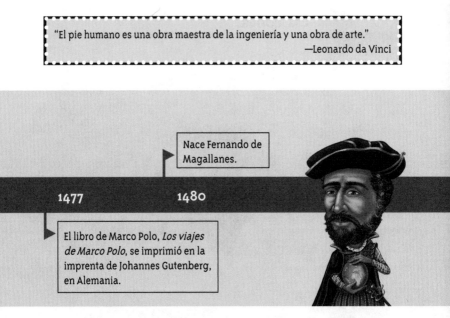

Nace Fernando de Magallanes.

1477   1480

El libro de Marco Polo, *Los viajes de Marco Polo*, se imprimió en la imprenta de Johannes Gutenberg, en Alemania.

La era de la exploración

La era de la exploración se extendió desde finales de 1400 hasta alrededor de 1597. Los europeos buscaban nuevas rutas comerciales. Desarrollaron las habilidades y el equipo para navegar largas distancias y llegaron a nuevos mundos.  Los portugueses, dirigidos por el príncipe Enrique el Navegante, desempeñaron un papel importante en el mapeo y la colonización durante esa época.

Nace Enrique VIII.

1491

Navegantes portugueses famosos

Enrique el Navegante (1394 -1460) fundó una escuela científica de navegación.

Enrique el Navegante

Vasco da Gama (1469-1524) fue el primero en navegar alrededor del extremo sur de África.

Fernando de Magallanes: su expedición fue la primera en navegar alrededor del mundo, dirigiéndose al oeste para llegar al este.

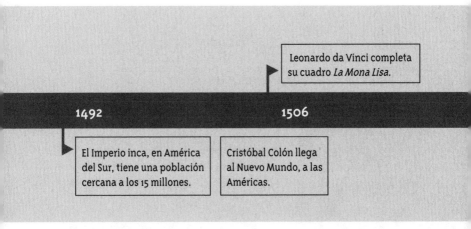

Leonardo da Vinci completa su cuadro *La Mona Lisa*.

1492   **1506**

El Imperio inca, en América del Sur, tiene una población cercana a los 15 millones.

Cristóbal Colón llega al Nuevo Mundo, a las Américas.

La conquista del Imperio azteca por los españoles, liderados por Hernán Cortés

Los conquistadores navegaron desde España hacia el Nuevo Mundo en los años posteriores a los viajes de Colón. Ellos buscaban fama, pero sobre todo fortuna.

El conquistador español Hernán Cortés navegó a América Central en 1519. Llevaba más de quinientos hombres y once barcos. Tras desembarcar en la costa oriental de México y

Nace la reina Isabel I.

1533　　　1534

Martín Lutero traduce la *Biblia* al alemán.

Enrique VIII se proclama jefe de la Iglesia de Inglaterra.

fundar la ciudad de Veracruz, marchó hacia la capital azteca de Tenochtitlán, reuniendo por el camino a los nativos para su ejército. Cuando la capital cayó en manos de los españoles en 1521, el rey azteca Moctezuma II ya había perdido el apoyo de su pueblo y la conquista de las Américas estaba en marcha.

Isabel I sube al trono y se convierte en reina de Inglaterra.

1558   1564

Nace William Shakespeare.

Colonias del Nuevo Mundo (1624)

A medida que los europeos viajaban hacia el oeste, crecía su presencia en las Américas. Los españoles, ingleses, holandeses, portugueses y franceses se apoderaron de las tierras de los nativos americanos y establecieron colonias, áreas ocupadas por los nativos pero bajo el control de los europeos.

Lo que consideramos como la América colonial estaba formada por las 13 colonias británicas fundadas entre 1607 y 1733 a lo largo

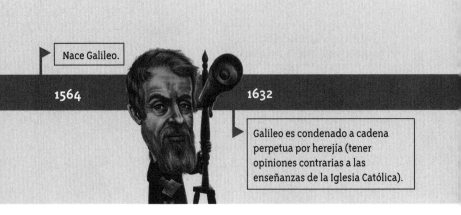

Nace Galileo.

1564

1632

Galileo es condenado a cadena perpetua por herejía (tener opiniones contrarias a las enseñanzas de la Iglesia Católica).

de la costa noreste de lo que hoy es Estados Unidos.

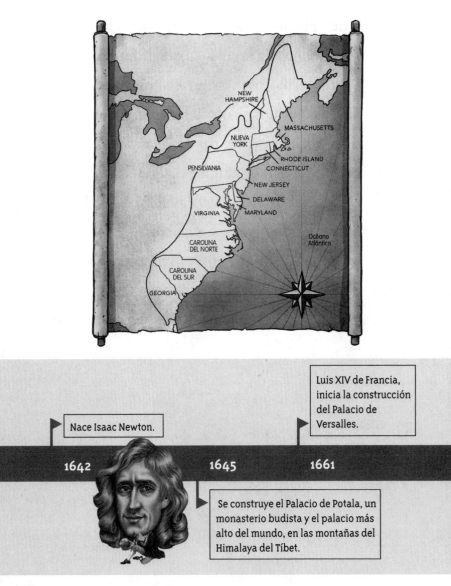

Nace Isaac Newton.

Luis XIV de Francia, inicia la construcción del Palacio de Versalles.

1642   1645   1661

Se construye el Palacio de Potala, un monasterio budista y el palacio más alto del mundo, en las montañas del Himalaya del Tíbet.

Piratas del *Spanish Main*

Desde Florida hasta Centroamérica y el Caribe, y hasta la costa norte de Sudamérica, España estableció colonias en el Nuevo Mundo. Los españoles saquearon toneladas de oro de sus territorios, conocidos como el *Spanish Main,* y las cargaron en barcos que se dirigían al este, de regreso a España para entregarlas al Rey y la Reina.

Estos barcos con sus tesoros eran muy tentadores para piratas como: Barbanegra, Mary Read y Henry Morgan. Los galeones eran asaltados a menudo en el Mar Caribe, antes de llegar a las

Nace Barbanegra.

1680

1687

Sir Isaac Newton describe su teoría de la gravedad en el *Philosophiae Naturalis Principia Mathematica*.

aguas abiertas del Océano Atlántico. La ciudad de *Port Royal*, en Jamaica, y la isla de Tortuga eran conocidos refugios para los piratas.

Satisfacción, barco de Henry Morgan

El comienzo de la Edad de la Razón (1685-1815)

L a Ilustración fue una filosofía (una forma de pensar) que dominó el siglo XVIII. La gente empezó a cuestionar sus creencias. Y en lugar de aceptar las cosas tal y como eran, se esforzaron por demostrar o refutar las ideas mediante experimentos y métodos científicos. También empezaron a cuestionar lo que siempre se había aceptado simplemente como verdad.

A medida que los debates científicos y políticos se hacían populares, también lo hacía

Nace Benjamín Franklin.

1706   1707

Inglaterra, Escocia y Gales se unen para formar el Reino Unido de Gran Bretaña.

la idea de la revolución. Todo era criticable: las teorías científicas obsoletas, los sistemas políticos y el gobierno de los reyes.

Traducción: No confíes en nadie.
(No te fíes de la palabra de nadie.)

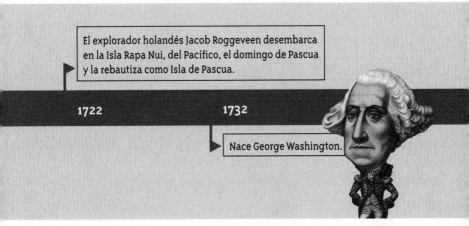

El explorador holandés Jacob Roggeveen desembarca en la Isla Rapa Nui, del Pacífico, el domingo de Pascua y la rebautiza como Isla de Pascua.

1722   1732

Nace George Washington.

El triángulo de la trata de esclavos

La trata de esclavos en el Atlántico, que duró desde el siglo XVI hasta el siglo XIX, llevó 12 millones de esclavos africanos a las Américas. Los barcos que partían de la costa occidental de África repletos de esclavos, viajaban por el Océano Atlántico hasta América del Sur, Central, del Norte y el Caribe, donde los esclavos trabajaban en las plantaciones de algodón y azúcar, y en las minas de oro y plata. Estos productos, junto con el tabaco, la melaza, el ron y otros,

Nace Daniel Boone.

1734

eran exportados a Europa. Una vez descargados de sus mercancías, los barcos franceses, británicos, holandeses, portugueses y españoles, se dirigían a los puertos de África para recoger su carga humana, completando así el "triángulo del comercio".

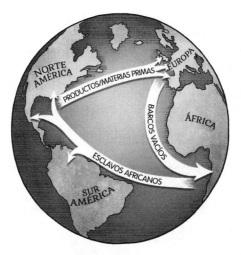

María Teresa es coronada reina de Hungría.

1735

1741

Nace Paul Revere.

¡Mujeres en el poder!

En 1740, María Teresa se convirtió en emperatriz del Imperio de los Habsburgo en Europa. Fue la única mujer que lo gobernó. Pero algunos gobernantes (masculinos) no la aceptaron como gobernanta.

Y Francia y Prusia se unieron para invadir su patria, Austria. La decimoquinta hija de María Teresa, María Antonieta, se convirtió en la última reina de Francia.

Nace Thomas Jefferson.

1743

Catalina la Grande fue emperatriz de Rusia desde 1762 hasta 1796. Fue la mujer que más tiempo gobernó en Rusia, y ni siquiera era rusa. Catalina nació en Prusia (ahora Polonia), como "Sofía". Pero era amada por el pueblo ruso, que pensaba que era simplemente "grande".

Catalina la Grande creó el Instituto Smolny en San Petersburgo en 1764. Fue la primera escuela para niñas en Rusia.

Se funda la Universidad de Princeton en Nueva Jersey.

1744

1746

Nace Abigail Adams.

Hay algo eléctrico
en el aire...

En mayo de 1752, Benjamín Franklin probó el pararrayos. Un mes después, el 10 de junio, él y su hijo William demostraron la electricidad con una llave y una cometa en una tormenta.

Nace Betsy Ross.

Benjamín Franklin inventa el pararrayos.

La Campana de la Libertad llega a Filadelfia, Pensilvania, desde su fundición en Londres, Inglaterra.

1752

Aunque la cometa no fue alcanzada por un rayo, la mano de Franklin provocó una chispa cuando la pasó cerca de la llave, lo que demuestra que la naturaleza del rayo es eléctrica.

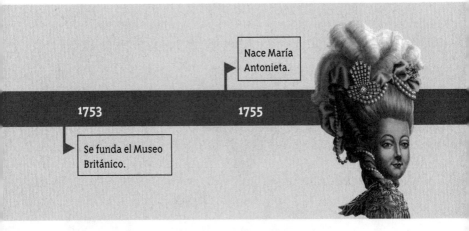

Nace María Antonieta.

1753   1755

Se funda el Museo Británico.

La Guerra de los Siete Años

L a Guerra de los Siete Años fue un conflicto mundial entre las grandes potencias europeas de la época. Se libró en Europa, América, África y Asia. Se formó una maraña de alianzas y coaliciones en torno a Gran Bretaña, por un lado, y a Francia, por el otro. La guerra cambió el orden político de Europa e influyó en muchos eventos posteriores en todo el mundo. Muchos territorios coloniales cambiaron de manos. Ocurrió entre 1756 y 1763 y se considera la primera verdadera guerra mundial.

Nace Alexander Hamilton.

1755

LA GUERRA DE LOS SIETE AÑOS

TERRITORIOS
BRITÁNICOS
Y ALIADOS

TERRITORIOS
FRANCESES
Y ALIADOS

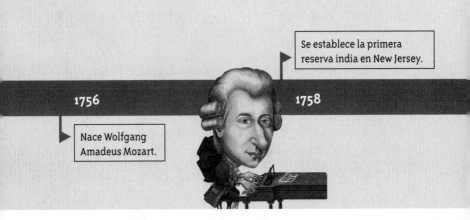

Se establece la primera
reserva india en New Jersey.

1756

1758

Nace Wolfgang
Amadeus Mozart.

La Ley del Timbre

El 22 de marzo de 1765, el Parlamento británico aprobó la Ley del Timbre, el primer impuesto directo sobre los habitantes de las 13 colonias. Era para ayudar a pagar las operaciones militares británicas en Norteamérica. Todos los formularios oficiales y legales impresos debían llevar un sello que probara el pago del impuesto. Los colonos se negaron a comprar productos importados de Gran Bretaña como protesta. Consideraban que la Ley del Timbre violaba sus derechos políticos. Después de todo,

Finaliza la Guerra de los Siete Años.

1763   1767   1769

Nace Andrew Jackson.

Nace Napoleón Bonaparte.

¿por qué pagar impuestos a un gobierno (el rey Jorge III y el Parlamento británico) en el que no tenían voz?

El rey Jorge III (1738–1820)

Los patriotas coloniales, entre ellos Samuel Adams y Patrick Henry, utilizaron el grito de guerra: "¡No hay impuestos sin representación!". Querían mantener a los colonos centrados en sus derechos y libertades. Aunque la Ley del Timbre se derogó en 1766, la derogación fue demasiado tarde. La idea de liberarse del dominio del Rey ya se había afianzado.

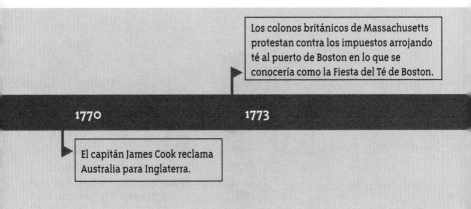

Los colonos británicos de Massachusetts protestan contra los impuestos arrojando té al puerto de Boston en lo que se conocería como la Fiesta del Té de Boston.

1770   1773

El capitán James Cook reclama Australia para Inglaterra.

El Congreso Continental

El primer Congreso Continental se celebró en 1774 para determinar la mejor manera de negociar con el Parlamento británico. El Segundo Congreso Continental, celebrado 8 meses después, el 10 de mayo de 1775, formó el Ejército Continental y nombró a George Washington su comandante. Una resolución del Segundo Congreso declaró a las colonias estados libres e independientes. También creó un comité para redactar una Declaración de Independencia.

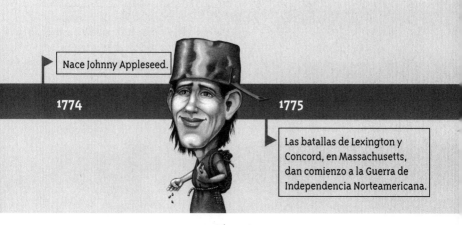

Nace Johnny Appleseed.

1774

1775

Las batallas de Lexington y Concord, en Massachusetts, dan comienzo a la Guerra de Independencia Norteamericana.

El 4 de julio de 1776, todos los delegados, entre ellos el autor del documento, Thomas Jefferson, adoptaron y firmaron la Declaración de Independencia, en Filadelfia, Pensilvania.

Thomas Paine insta a la independencia de las Trece Colonias Norteamericanas de Gran Bretaña en su panfleto *Sentido Común*.

1776

Nace Jane Austen.

La Guerra de Independencia (1776-1781)

Los voluntarios del Ejército Continental se enfrentaban al bien entrenado ejército británico, uno de los mejores del mundo. Pero conocían bien su territorio, tenían el apoyo de muchos civiles coloniales ¡y estaban apasionados por su causa!

Francia reconoce a los Estados Unidos de América como nación independiente.

1777   1783

El primer vuelo en globo aerostático tripulado sobrevuela París.

Les tomó años de escaramuzas, batallas y asedios, y la ayuda de Francia y España, pero el 19 de octubre de 1781, el general británico Lord George Cornwallis se rindió a George Washington en Yorktown, Virginia. Tras la rendición, los británicos negociaron el fin de la Guerra de Independencia.

Nacen los hermanos Grimm.

1785, 1786

La Revolución francesa

La Guerra de Independencia dio paso a una era de revoluciones, empezando por la Francesa en 1789. Como el país estaba en bancarrota, el rey Luis XVI comenzó a exigir impuestos incluso a los más pobres. Los franceses veían que el Rey y la Reina vivían en la opulencia. Solo el palacio de Versalles tenía 1400 fuentes. Su Salón de los Espejos tenía 357 espejos ¡que reflejaban los jardines del palacio!

En julio de 1789, una turba enfurecida atacó la prisión de la Bastilla en París. El pueblo declaró

Nace Davy Crockett.

1786

1788

Nace Sacagawea.

una revolución contra el Rey. En 1792, el Rey perdió el control de su país y se instauró un nuevo gobierno. Este declaró a Francia como una república. Y para el otoño de 1793, tanto Luis XVI como su reina, María Antonieta, habían sido ejecutados por el pueblo francés.

Palacio de Versalles

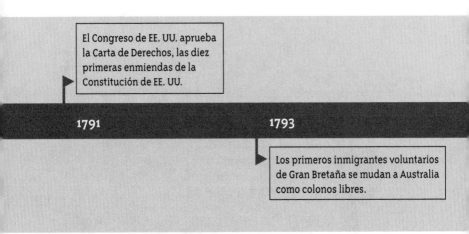

El Congreso de EE. UU. aprueba la Carta de Derechos, las diez primeras enmiendas de la Constitución de EE. UU.

1791   1793

Los primeros inmigrantes voluntarios de Gran Bretaña se mudan a Australia como colonos libres.

El constructor del Imperio

Dos años después del final de la Revolución francesa, Napoleón Bonaparte tomó el mando del ejército francés en Italia. Y 3 años después, gobernaba toda Francia. En 1804, fue coronado emperador. En los 10 años siguientes, libró una batalla tras otra, que le permitieron a él (y a Francia) controlar gran parte de Europa.

Napoleón era un brillante estratega que creía que nada era imposible. Y para Napoleón, parecía ser cierto. Hasta su desastrosa retirada de Rusia en 1812 y su derrota definitiva en Waterloo, en 1815,

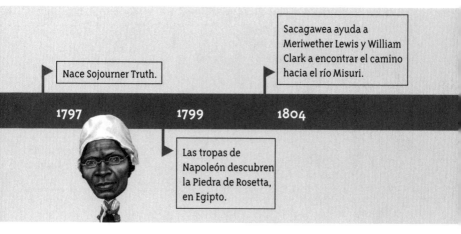

Nace Sojourner Truth.

Sacagawea ayuda a Meriwether Lewis y William Clark a encontrar el camino hacia el río Misuri.

1797   1799   1804

Las tropas de Napoleón descubren la Piedra de Rosetta, en Egipto.

Napoleón gobernó un vasto imperio y estuvo a la altura de sus numerosos apodos, como: "El hombre del destino" y el "Coloso del siglo XIX".

1807

Nace Robert E. Lee.

Gran Bretaña prohíbe la trata de esclavos.

Impulsar el futuro

El 11 de febrero de 1808, Jesse Fell, de Pennsylvania, experimentó por primera vez con el carbón de antracita como combustible. Su densidad y pureza hacían que ardiera durante más tiempo y a mayor temperatura que otros tipos de carbón. Su descubrimiento condujo al uso del carbón como principal fuente de combustible de la Revolución industrial.

El carbón podía utilizarse para calentar el agua y producir vapor. Este creaba la energía para que funcionaran las fábricas y las minas. También

Nace Louis Braille.

1809

alimentaba las locomotoras de vapor (trenes) que eran esenciales para las industrias del transporte y la fabricación.

Nace Edgar Allan Poe.

Se establece el territorio de Illinois (que también incluía el actual Wisconsin y partes de Minnesota y Michigan).

La Guerra de 1812

A medida que la nueva nación de los EE. UU. expandía sus territorios más allá de las 13 colonias originales, los conflictos con los nativos se agudizaban. En esta época, los británicos controlaban los territorios canadienses. Estaban felices de aliarse con algunas tribus nativas para luchar contra los EE. UU.

Los británicos libraron importantes ataques contra Washington, DC, y Fort McHenry en Baltimore, Maryland. Después de perder la batalla del lago Champlain, cerca de Plattsburgh,

Nace Abraham Lincoln.

Nace Charles Darwin.

1809

Nueva York, llegaron a un acuerdo con los estadounidenses.

La Guerra de 1812, (que duró hasta 1814, o 1815 si se considera que la Batalla de Nueva Orleans ocurrió después del final oficial de la guerra) también se conoce como "la Segunda Guerra de Independencia de EE. UU." porque demostró que este país podía permanecer independiente de Gran Bretaña.

1810

El rey Kamehameha unifica las islas hawaianas.

México se independiza de España.

Los cuentos de hadas de los Grimm

Solo 5 días antes de la Navidad de 1812, los hermanos Jacob y Wilhelm Grimm publicaron 86 cuentos de hadas en un nuevo libro: *Cuentos infantiles del hogar*. Antes del libro de los Grimm, las familias se reunían al anochecer alrededor del fuego a contar cuentos populares, y los aldeanos escuchaban a los cuentacuentos ambulantes. Jacob y Wilhelm querían recordar los viejos cuentos de su cultura alemana. Llevaban seis largos años recopilándolos.

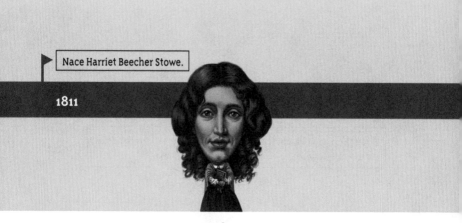

Nace Harriet Beecher Stowe.

1811

Los hermanos publicaron un segundo volumen de *Cuentos del hogar* y, finalmente, una traducción ilustrada al inglés. Sus historias de Cenicienta (a la que llamaban *Ashputtel* en alemán), *Rapunzel*, el *Rey Rana*, la *Oca de Oro* y otras se hicieron mundialmente famosas. Y sus cuentos de éxito han brindado al mundo muchos "finales felices".

Los Grimm fueron famosos por algo más que por los cuentos de hadas. También publicaron libros sobre estudios medievales, mitología y lenguaje. Además empezaron a trabajar en un diccionario de alemán. Pero ambos murieron antes de llegar a la letra G.

1812

Nace Charles Dickens.

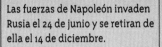

Las fuerzas de Napoleón invaden Rusia el 24 de junio y se retiran de ella el 14 de diciembre.

La Independencia de América del Sur

Las guerras de Napoleón con Portugal y España debilitaron el control de estos países sobre sus colonias en Sudamérica. Simón Bolívar (con la ayuda de los líderes haitianos) declaró a Venezuela independiente de España en 1811 y tomó el control de Colombia en 1819. José de San Martín había luchado por la libertad en Argentina y Chile. Bolívar se asoció con él para liberar Perú y Uruguay. En 1825, Paraguay y Bolivia también eran independientes. Brasil declaró su independencia de Portugal en 1822.

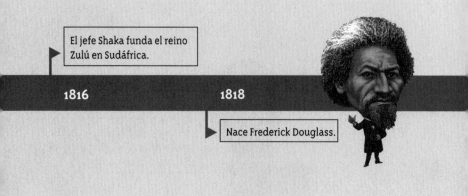

El jefe Shaka funda el reino Zulú en Sudáfrica.

1816

1818

Nace Frederick Douglass.

Simón Bolívar (1783-1830)

Simón José Antonio de la Santísima Trinidad de Bolívar y Palacios era conocido simplemente como "El Libertador". Fue un líder político y militar venezolano que ayudó heroicamente a liberar a los países de Sudamérica del dominio español.

¡Está vivo!

Mary Shelley (1797–1851)

Era una noche oscura y tormentosa cuando la adolescente Mary Shelley pensó por primera vez en la idea de su libro *Frankenstein*. La autora británica solo tenía 20 años cuando el libro se publicó en 1818.

Unos años antes, viajó a Alemania y se alojó cerca del castillo de Frankenstein, un auténtico castillo alemán con vistas a la ciudad de Darmstadt.

Nace la reina Victoria.

1819

Y durante una competición entre amigos para ver quién escribía la mejor historia de terror, se inspiró en un científico loco obsesionado con crear vida y escribió su primera obra maestra.

1820

Nace Susan B. Anthony.

El escritor estadounidense Washington Irving publica *The Leyend of Sleepy Hollow*, la primera historia de fantasmas de Estados Unidos.

El Compromiso de Missouri de 1820

En 1817, había 22 estados en la Unión: 11 estados libres y 11 donde la esclavitud era legal. Cuando el territorio de Missouri solicitó la condición de estado, pidió ser un estado esclavista. El Senado de los EE. UU. temía que el equilibrio de poder en el gobierno se inclinara hacia la esclavitud si se concedía la solicitud.

Henry Clay, un representante de Kentucky, dio la solución: permitir la entrada de Missouri como esclavista y establecer a Maine como estado libre.

Nace Harriet Tubman.

c. 1820

La esclavitud sería entonces ilegal en cualquier lugar al norte de la frontera sur de Missouri.

Esto se llamó "El Compromiso de Missouri". Las divisiones territoriales que implicaba este compromiso señalaban lo dividida que estaba la nación en la cuestión de la esclavitud.

Henry Clay (1777–1852)

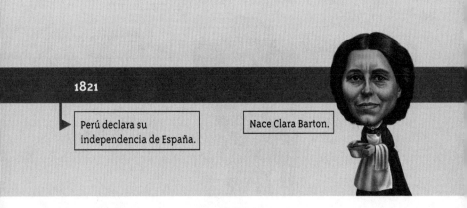

1821

Perú declara su independencia de España.

Nace Clara Barton.

El primer ferrocarril de vapor del mundo

El primer ferrocarril del mundo revolucionó el transporte. La línea Stockton-Darlington, que transportaba lo mismo carbón que pasajeros,

Nace Ulysses S. Grant.

Brasil se independiza de Portugal.

1822

se construyó en Inglaterra en 1825. Esta mejoró el comercio y creó muchos puestos de trabajo. Más tarde, el ferrocarril se extendió por toda Europa, Norteamérica y el mundo.

George Stephenson construyó la Locomotora n.º 1, así como la primera línea ferroviaria interurbana del mundo.

George Stephenson
(1781–1848)

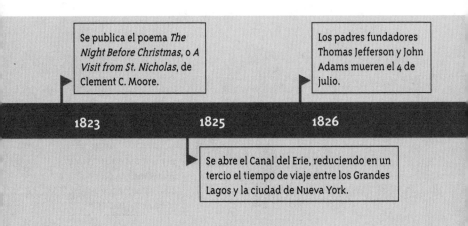

Se publica el poema *The Night Before Christmas*, o *A Visit from St. Nicholas*, de Clement C. Moore.

Los padres fundadores Thomas Jefferson y John Adams mueren el 4 de julio.

1823 1825 1826

Se abre el Canal del Erie, reduciendo en un tercio el tiempo de viaje entre los Grandes Lagos y la ciudad de Nueva York.

Viaje de Charles Darwin en el HMS *Beagle* (1831-1836)

En 1831, a la tripulación del *Beagle* se le pidió cartografiar la costa de Sudamérica. Salió de Inglaterra y navegó alrededor del mundo. Durante esta gran aventura, el joven científico Charles Darwin estudió animales, plantas, rocas y mucho más. Y tomó notas de todo ello. En las Islas Galápagos, Darwin y la tripulación vieron animales que nunca antes habían encontrado: iguanas marinas, tortugas gigantes y muchos tipos

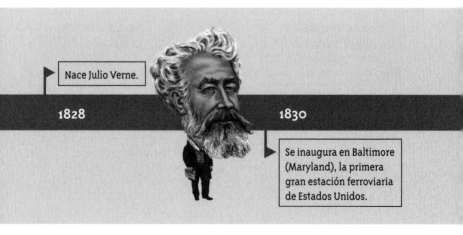

Nace Julio Verne.

1828

1830

Se inaugura en Baltimore (Maryland), la primera gran estación ferroviaria de Estados Unidos.

de aves. Darwin se preguntaba cómo era posible una variedad de vida tan extrema.

Más tarde comprendió que, mediante la evolución, eran posibles muchas formas nuevas y diferentes de cada especie. Darwin publicó su teoría en el libro *On the Origin of Species*. En él afirmaba que el mundo tenía millones de años y que las plantas y los animales cambiaban (o evolucionaban) con el tiempo.

Las iniciales HMS delante del nombre de un barco significan "*Her (or His) Majesty's ship*" (barco de Su Majestad) en la Marina Real Británica.

Nace Toro Sentado.

Nathaniel "Nat" Turner lidera una rebelión de esclavos en el condado de Southampton, Virginia.

1831

Se funda la República de Ecuador.

La Ley de expulsión de indios de 1830

La Ley de expulsión de indios obligaba a los nativos a trasladarse al oeste del río Mississippi. A medida que los colonos blancos, los comerciantes de pieles y los pioneros se desplazaban hacia el oeste y hacia los territorios indios, las tribus eran obligadas a abandonar sus tierras.

Con su cultura casi destruida, los indios de los bosques del sureste de EE. UU. iniciaron lo que se conoce como el Camino de las Lágrimas, un viaje a la reserva de la nación cherokee en Oklahoma.

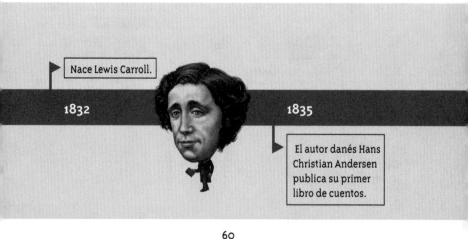

Nace Lewis Carroll.

1832

1835

El autor danés Hans Christian Andersen publica su primer libro de cuentos.

Aunque el Camino de las Lágrimas duró unos dos meses, las diversas batallas entre EE. UU. y sus pueblos nativos se prolongaron durante más de cien años.

RESERVA DE LA NACIÓN CHEROKEE

CHICKASAW

CHEROKEE

CREEK

CHOCTAW

Océano Atlántico

CAMINO DE LAS LÁGRIMAS DE LOS INDIOS DE LOS BOSQUES ORIENTALES

SEMINOLE

Nace Mark Twain.

La Iglesia Católica levanta la prohibición de la obra de Galileo, más de 200 años después de su publicación en 1632.

La Guerra del Opio

Cuando Gran Bretaña se negó a dejar de traer opio ilegal de la India a los puertos chinos, China tomó venganza. En 1839, los chinos destruyeron 20 000 cofres de opio, comenzando la Guerra del Opio. Los británicos utilizaron la isla de Hong Kong como base durante la guerra. Los buques de la *Royal Navy* arrasaron los fuertes chinos. En 1842, los británicos vencieron y se apoderaron de Hong Kong. El Tratado de Nankín convirtió a Hong Kong en una colonia de la Corona de la reina Victoria.

Nace Milton Bradley.

La Batalla del Álamo, una de las batallas clave de la Guerra México-Americana.

1836

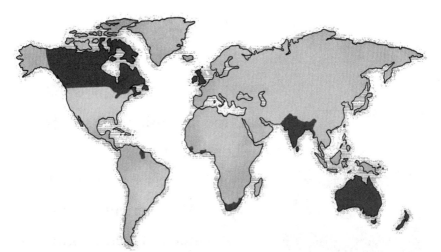

IMPERIO BRITÁNICO 1850

 No fue hasta el 1 de julio de 1997 que los británicos transfirieron finalmente su control sobre Hong Kong a China. Mucha gente considera que esta fecha marca el fin del Imperio Británico.

1840

Nace Claude Monet.

Se emite el primer sello de correos del mundo en Gran Bretaña.

La exploración de África

Dr. David Livingstone
(1813–1873)

El Dr. David Livingstone fue un misionero escocés de Londres que se oponía a la trata de esclavos. En 1841 viajó a África oriental. Pasó los siguientes treinta años explorando, y se convirtió en el primer europeo en cruzar todo el continente.

Durante su estancia en África, Livingstone envió cartas a sus amigos y

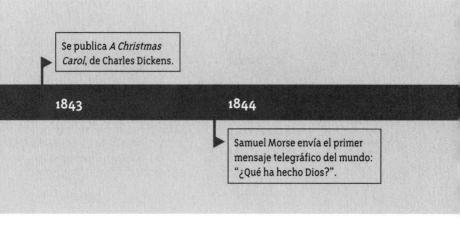

Se publica *A Christmas Carol*, de Charles Dickens.

1843

1844

Samuel Morse envía el primer mensaje telegráfico del mundo: "¿Qué ha hecho Dios?".

familiares en las que detallaba su increíble viaje.

A finales de la década de 1870, otras naciones europeas se interesaron en colonizar África. Bélgica, Alemania, España, Gran Bretaña, Italia, Francia y Portugal querían tener sus propias colonias africanas, y la riqueza que les proporcionarían sus minas de oro y plata. Este acaparamiento de tierras se conoce como la "Batalla por África".

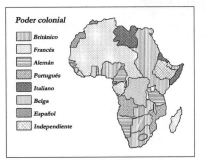

Poder colonial

- Británico
- Francés
- Alemán
- Portugués
- Italiano
- Belga
- Español
- Independiente

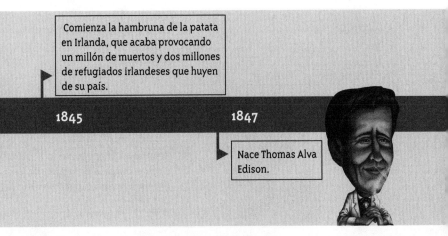

Comienza la hambruna de la patata en Irlanda, que acaba provocando un millón de muertos y dos millones de refugiados irlandeses que huyen de su país.

1845   1847

Nace Thomas Alva Edison.

65

La Fiebre del Oro en California (1848-1855)

John Sutter Sr. (1803–1880)

John Sutter fundó un fuerte comercial cerca del río Sacramento. En 1848, un carpintero, llamado James Marshall, encontró oro mientras construía un aserradero en el lugar. La noticia del descubrimiento se extendió muy rápido. Muchas personas acudieron a la zona.

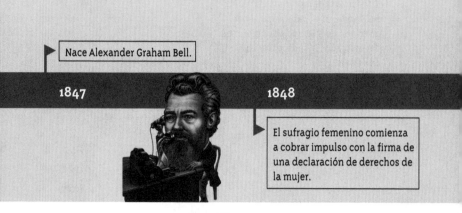

Nace Alexander Graham Bell.

1847

1848

El sufragio femenino comienza a cobrar impulso con la firma de una declaración de derechos de la mujer.

El hijo de Sutter, John Jr., se apresuró a construir una nueva ciudad para el auge de la población, y la llamó Sacramento.

En menos de una década, casi 300 mil personas llegaron a California, con la esperanza de encontrar oro. El auge fue durante el año 1849, por lo que los mineros del oro fueron apodados "*forty-niners*". Muchas personas estaban dispuestas a hacer el viaje por tierra hacia el oeste con la esperanza de hacerse ricos. Pero de los que lo lograron, muy pocos hicieron fortuna.

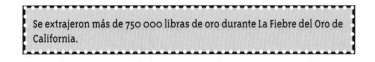

Se extrajeron más de 750 000 libras de oro durante La Fiebre del Oro de California.

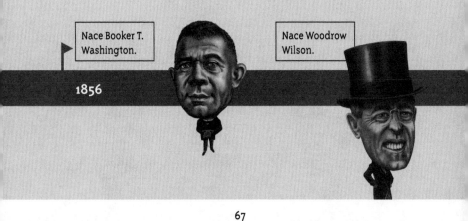

Nace Booker T. Washington.

Nace Woodrow Wilson.

1856

El Ferrocarril Subterráneo

A mediados del siglo XIX, EE. UU. estaba muy dividido sobre la cuestión de la esclavitud. Los abolicionistas (los que querían abolir la esclavitud), trabajaban con antiguos esclavos y personas negras libres para ayudar a los esclavos a escapar a los estados "libres" del norte. El Ferrocarril Subterráneo era un sistema de rutas y escondites secretos para los esclavos que huían en busca de la libertad.

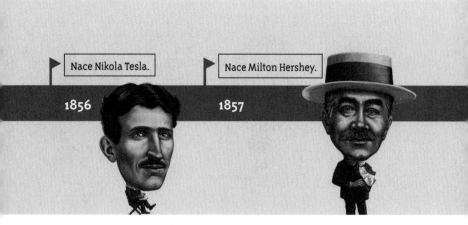

Nace Nikola Tesla.

1856

Nace Milton Hershey.

1857

Harriet Tubman (c. 1820-1913)

Harriet Tubman fue una exesclava que ayudó a rescatar a otros esclavos utilizando el Ferrocarril Subterráneo. Utilizaba la Estrella Polar, cerca de la Osa Mayor en el cielo nocturno, para seguir la ruta hacia el norte, hacia la libertad. También fue enfermera y espía del ejército estadounidense durante la Guerra Civil.

Carolina del Sur se separa de la Unión

braham Lincoln ganó las elecciones presidenciales de 1860. Creía que la esclavitud debía ser abolida en todo EE. UU. y no permitir que se expandiera más allá de los estados en los que era legal. Esto puso nerviosos a muchos sureños. Temían que las ideas de Lincoln afectaran sus negocios (el cultivo de algodón y tabaco), que dependían en gran medida del trabajo no remunerado de los esclavos.

Nace Theodore Roosevelt.

1858

1859

Se publica el libro de Charles Darwin *On the Origin of Species*.

En diciembre de 1860, menos de tres meses antes de la toma de posesión de Lincoln, Carolina del Sur se separó de los EE. UU. Sus legisladores creían que debían proteger el "derecho" de los ciudadanos a poseer esclavos. Otros estados, como Texas, Luisiana, Mississippi, Alabama, Florida y Georgia, siguieron a Carolina del Sur y se separaron también. Estos estados establecieron los Estados Confederados de América, el 4 de febrero de 1861.

Nace Annie Oakley.

Abraham Lincoln es elegido presidente de los Estados Unidos.

1860

La Guerra Civil estadounidense (1861-1865)

Cuando los Estados Confederados atacaron Fort Sumter, en Carolina del Sur, el 12 de abril de 1861, comenzó un largo y violento conflicto que causó casi dos millones de muertos. La Guerra Civil estadounidense duró 4 largos años. Durante ese tiempo, el ejército de la Unión del Norte luchó contra el ejército Confederado del Sur en más de 200 batallas sangrientas. El general de la Unión, Ulysses S. Grant, sabía que tendría

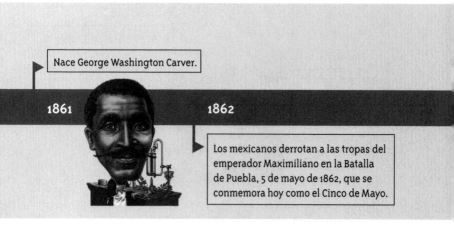

Nace George Washington Carver.

1861   1862

Los mexicanos derrotan a las tropas del emperador Maximiliano en la Batalla de Puebla, 5 de mayo de 1862, que se conmemora hoy como el Cinco de Mayo.

que destruir fábricas y ferrocarriles para dañar los recursos del ejército del Sur y poder derrotarlo. El general sureño Robert E. Lee se rindió al fin en Appomattox Court House, en Virginia, el 9 de abril de 1865.

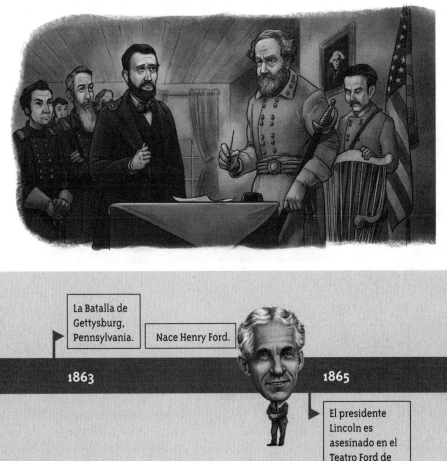

La Batalla de Gettysburg, Pennsylvania.

Nace Henry Ford.

1863

1865

El presidente Lincoln es asesinado en el Teatro Ford de Washington, DC.

Las secuelas de la esclavitud

C uando el presidente Lincoln firmó la Proclamación de Emancipación el 1 de enero de 1863, cambió el estatus legal de tres millones de personas de esclavos a libres. Pero eso no significaba que pudieran abandonar las plantaciones en las que vivían y trabajaban.

La Guerra Civil había destruido la riqueza del Sur. Los bancos estaban en bancarrota y, sin esclavos, no había mano de obra no remunerada. El Norte y el Oeste de EE. UU. comenzaron a enriquecerse

Nace Beatrix Potter.

1866

1867

Estados Unidos compra el territorio de Alaska a Rusia.

mientras el Sur se empobrecía aún más. Muchos antiguos esclavos se quedaron y trabajaron en los mismos campos en los que siempre habían trabajado, aunque por muy poca paga.

La Decimotercera Enmienda a la Constitución de Estados Unidos puso fin oficialmente a la esclavitud en todos los estados en 1865.

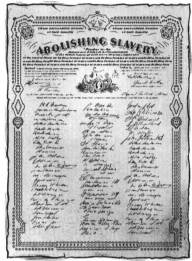

Nace Laura Ingalls Wilder.

Se forma el Imperio austrohúngaro.

La Revolución industrial en su apogeo

Entre 1760 y 1860, muchos inventos transformaron a Gran Bretaña en la primera potencia industrial del mundo. Los molinos accionados por agua se convirtieron en las primeras fábricas. Y la locomotora de vapor expandió el transporte ferroviario. El hierro, el carbón y los ríos fueron el ingrediente necesario para producir más bienes a un ritmo mucho más rápido que antes. Hombres, mujeres y niños fueron a trabajar a las fábricas. Más fábricas contribuyeron al rápido crecimiento de las ciudades.

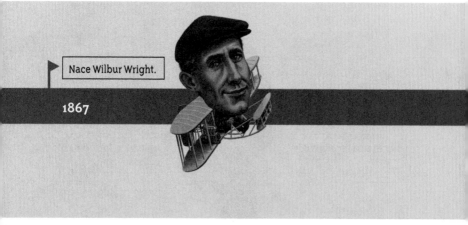

Nace Wilbur Wright.

1867

Las chicas de las fábricas de Lowell

El grupo de fábricas textiles de Lowell, Massachusetts, fue uno de los mayores complejos fabriles de EE. UU. Las jóvenes trabajaban 73 horas a la semana, desde las 5 de la mañana hasta las 7 de la noche todos los días. Trabajaban y comían juntas, vivían en pensiones construidas por los propietarios de las fábricas. En 1840, más de ocho mil mujeres trabajaban en ellas. Y en 1848, Lowell era el mayor centro industrial de EE. UU., con una producción de ¡50 mil millas de tela de algodón al año!

El Canal de Suez

El primer barco atravesó el Canal de Suez el 17 de noviembre de 1869. El canal, construido en Egipto por un equipo internacional de ingenieros, conectó por primera vez en la historia el Mar Mediterráneo y el Mar Rojo.

El Canal de Suez es ahora la ruta más corta entre Europa y Asia. Antes de su construcción, los barcos tenían que rodear el extremo sur de África (Cabo de Buena Esperanza), para llegar a la India, China y el Sudeste Asiático.

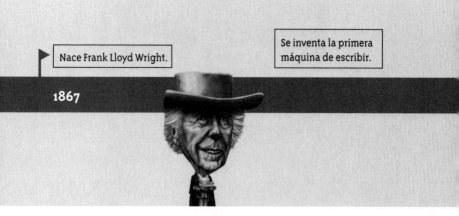

Nace Frank Lloyd Wright.

Se inventa la primera máquina de escribir.

1867

Nace María Curie.

El primer ferrocarril transcontinental

Se tomó seis años completar las líneas ferroviarias que conectan las costas este y oeste de EE. UU. El *Central Pacific Railroad* comenzó en California. Y el *Union Pacific Railroad* comenzó a partir de las líneas ferroviarias de Iowa.

Los dos equipos se encontraron el 10 de mayo de 1869 en Promontory, Utah. Se clavó una espiga dorada (un clavo ferroviario) en una ceremonia que celebraba la enorme importancia de unificar el país por ferrocarril. Las personas

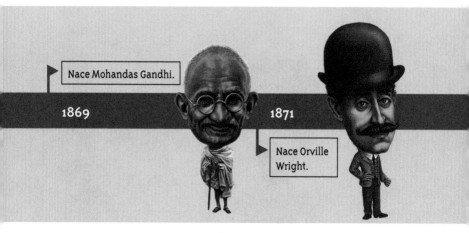

Nace Mohandas Gandhi.

1869

1871

Nace Orville Wright.

(y las mercancías) podían ahora desplazarse por todo el país con mucha más rapidez, abriendo la cultura y la economía de EE. UU. de forma nueva y espectacular.

Nace Winston Churchill.

1874

El Mago de Menlo Park

En 1876, el gran inventor estadounidense Thomas Alva Edison abrió el primer laboratorio de investigación industrial del mundo en Menlo Park, New Jersey. En 1878, registró su patente para la "mejora de la luz eléctrica". Edison llegó a perfeccionar la bombilla incandescente y a patentar más de mil inventos. Entre ellos:

- la cámara de cine
- el cilindro fonográfico
- el micrófono de carbón
- el diodo de vacío

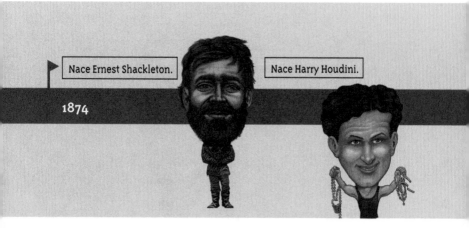

Nace Ernest Shackleton.

Nace Harry Houdini.

1874

- el vitascopio (un primer proyector de cine)
- el mimeógrafo (una de las primeras fotocopiadoras)
- la pila alcalina
- la bombilla eléctrica
- la impresora autográfica
- mejoras al teléfono
- la cinta de película
- el registrador eléctrico de votos
- el bolígrafo de plantilla
- mejoras en la bomba de vacío

1876

Alexander Graham Bell inventa el teléfono.	Estados Unidos celebra su centenario (su 100.º cumpleaños).	La reina Victoria de Gran Bretaña toma el título de "Emperatriz de la India".

La Guerra Zulú, Sudáfrica

La Nación Zulú de Sudáfrica fue establecida por el jefe guerrero Shaka a principios del siglo XIX. Durante la colonización de África, los británicos lucharon contra el Reino Zulú de enero a julio de 1879. Los británicos ganaron y el Rey zulú fue capturado. El control de los zulúes sobre la región terminó. *Zululand* (toda la tierra que

Nace Albert Einstein.

1879

antes controlaba la Nación Zulú) se dividió en trece nuevas zonas con trece nuevos jefes, todos ellos bajo control británico.

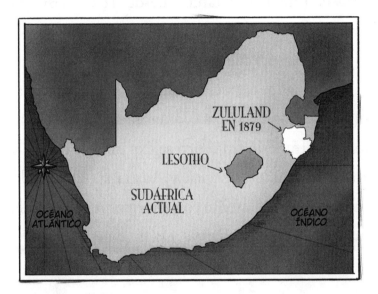

ZULULAND
EN 1879

LESOTHO

SUDÁFRICA
ACTUAL

OCÉANO
ATLÁNTICO

OCÉANO
ÍNDICO

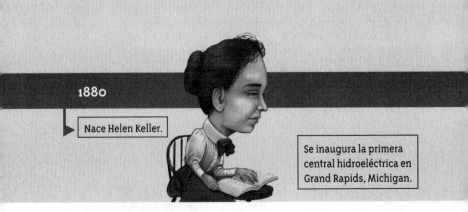

1880

Nace Helen Keller.

Se inaugura la primera central hidroeléctrica en Grand Rapids, Michigan.

La Era Victoriana

La reina Victoria gobernó Gran Bretaña y el Imperio británico desde 1837 hasta su muerte en 1901, ¡mucho tiempo! ¡Tuvo nueve hijos y cuarenta nietos!

Su reinado, conocido como la Era Victoriana, fue próspero para su país. Durante su tiempo como reina, el Imperio británico se expandió a colonias en África, Asia, América y Australia. El mundo cambiaba rápidamente con enormes mejoras en la manufactura, la medicina y la ingeniería.

Toro Sentado es capturado como prisionero de guerra.

Clara Barton crea la Cruz Roja Americana.

1881

La reina Victoria fue la primera persona en aparecer en un sello de correos, la primera en telegrafiar de un continente a otro ¡y la primera monarca en ser fotografiada!

Booker T. Washington abre el Instituto Tuskegee en Alabama.

Nace Pablo Picasso.

El Expreso Oriente

Durante la gran era del vapor, la gente podía viajar distancias más largas mucho más

Nace Franklin Roosevelt.

1882

fácilmente. La primera ruta del Expreso Oriente recorría el trayecto desde París, Francia, hasta Estambul (entonces Constantinopla), Turquía, en 1883. (El viaje duraba 80 horas.) ¡Pero no era un tren de carga! El "tren relámpago de lujo" era para pasajeros. Tenía lujosos vagones dormitorio, vagones de equipaje y un vagón restaurante especializado en alta cocina. En una época en la que viajar podía ser todavía un poco difícil y a veces peligroso, el Expreso Oriente simbolizaba ¡solo lo mejor de lo mejor!

El menú a bordo del primer tren Expreso Oriente incluía ostras, pescado en salsa verde, ternera con patatas y pudín de chocolate.

Se descubre oro en Witwatersrand, Sudáfrica.

1884

1886

Nace Eleanor Roosevelt.

La Exposición de París de 1889

Esta histórica feria mundial, que tuvo lugar en París entre mayo y octubre de 1889, fue una exposición internacional que celebraba el centenario del asalto a la Bastilla al comienzo de la Revolución francesa. Vino gente de todo el mundo para mostrar su talento y para visitar. El estadounidense Buffalo Bill invitó a la tiradora Annie Oakley a actuar en su espectáculo *El Salvaje Oeste*, una atracción que agotó las entradas de la exposición.

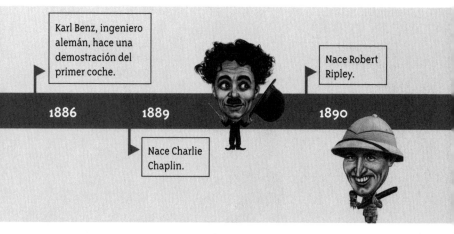

Karl Benz, ingeniero alemán, hace una demostración del primer coche.

Nace Robert Ripley.

1886   1889   1890

Nace Charlie Chaplin.

La Torre Eiffel

La Torre Eiffel, diseñada y construida por Gustave Eiffel, fue la principal atracción de la Exposición de París. Sus patas servían de entrada a la feria. Con 984 pies de altura, fue el edificio más alto del mundo hasta 1930.

La masacre de *Wounded Knee*

En 1889, el gobierno de EE. UU. dio acceso a las tierras que se habían reservado como Territorio Indio a los colonos que se desplazaban hacia el oeste. Esta zona, en lo que hoy es Oklahoma, era el último lugar de EE. UU. que aún se consideraba "sin colonizar" por los colonizadores blancos. El gobierno daba luz verde a los mineros y a los ganaderos para que se instalaran en lo que quedaba de este territorio. Muchos nativos americanos fueron desplazados.

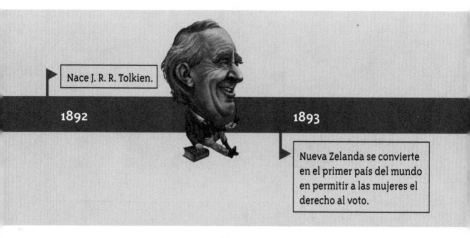

Nace J. R. R. Tolkien.

1892

1893

Nueva Zelanda se convierte en el primer país del mundo en permitir a las mujeres el derecho al voto.

Ellos anhelaban una vida más pacífica y próspera y la oportunidad de recuperar sus tierras.

En diciembre de 1890, cuando los sioux se reunieron en la reserva india de Pine Ridge, en Dakota del Sur, para celebrar una ceremonia, las tropas estadounidenses atacaron y mataron a cientos de sus miembros en el arroyo *Wounded Knee*. Esta masacre fue la última batalla entre el gobierno estadounidense y los indígenas.

Nace Babe Ruth.

Los hermanos Lumière proyectan las primeras películas en Francia.

1895

1896

Los Juegos Olímpicos vuelven a celebrarse en Grecia, por primera vez desde el año 393 d. C.

La Guerra Hispano-estadounidense

En 1895, José Martí inició la lucha por la independencia de Cuba de España. Algunos estadounidenses pensaron que la isla de Cuba, se perdería como socio comercial si España salía victoriosa. En 1898, el Congreso de EE. UU. le declaró la guerra a España y la Guerra Hispano-estadounidense había comenzado. El 10 de diciembre de ese año, EE. UU. y España firmaron el Tratado de París, finalizando la guerra. España cedió a EE. UU. sus colonias de Puerto Rico, Guam y Filipinas. Y Cuba alcanzó su independencia.

Nace Amelia Earhart.

1897

1898

Los Estados Unidos se anexionan las islas de Hawai.

Los *Rough Riders* de Teddy Roosevelt

En la Guerra Hispano-estadounidense, Teddy Roosevelt organizó un grupo de voluntarios que denominó los *Rough Riders*. Este regimiento de rancheros, vaqueros, mineros y estudiantes eran excelentes jinetes que ayudaron a ganar la Batalla de la Colina de San Juan en Cuba el 1 de julio de 1898.

Nikola Tesla inventa el siglo XX

La era moderna se inauguró en los albores del siglo XX. Las nuevas tecnologías se desarrollaban y adoptaban rápidamente en todo el mundo.

Nikola Tesla (1856-1943), un inventor serbio-estadounidense hizo importantes aportes al uso de la electricidad. Perfeccionó la red eléctrica y el uso de la corriente alterna. Se adelantó a su tiempo con ideas sobre el control remoto y las comunicaciones inalámbricas. A Tesla se le considera como el gran

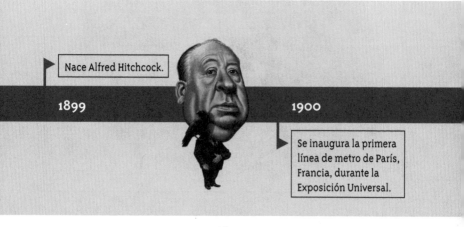

Nace Alfred Hitchcock.

1899

1900

Se inaugura la primera línea de metro de París, Francia, durante la Exposición Universal.

genio que hizo posible gran parte de la tecnología del siglo XX.

Los científicos que estudian las predicciones sobre el futuro y buscan formas de hacer realidad esas ideas en el presente se conocen como futuristas. Nikola Tesla fue uno de los más famosos futuristas.

Nace Louis Armstrong.

Nace Walt Disney.

1901

¡Vuela!

El *Wright Flyer* realizó el primer vuelo controlado con motor y piloto en las dunas de Kitty Hawk, Carolina del Norte, en 1903. Construido por los hermanos Orville y Wilbur Wright, el *Wright Flyer* fue el primer avión exitoso del mundo. El 17 de diciembre, Orville Wright voló 120 pies en doce segundos. Más tarde, ese mismo día, Wilbur completó un vuelo de 852 pies en poco menos de un minuto.

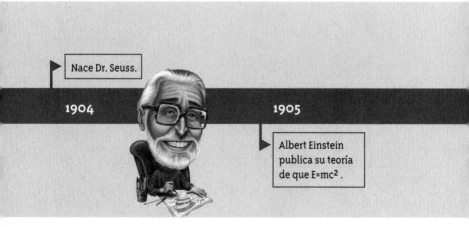

Nace Dr. Seuss.

1904

1905

Albert Einstein publica su teoría de que $E=mc^2$.

El Gran Terremoto de San
Francisco destruye más
del 80% de la ciudad.

1906

1907

Nace Frida Kahlo.

¡Bip! ¡Bip!

Henry Ford fabricó el primer coche Modelo T en 1908. Conocido como el *Tin Lizzie*, el coche de Ford cambió la forma de vivir, trabajar y viajar de los estadounidenses.

En 1913, Ford había perfeccionado la cadena de montaje, que producía coches más rápidamente y los hacía más asequibles para el público. Esta redujo el tiempo de fabricación de un coche de 12 horas a solo dos y media. En 1916, los coches empezaron a venderse por 345 dólares, menos de la mitad de su precio original de 850 dólares.

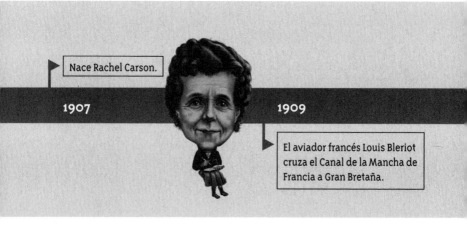

Nace Rachel Carson.

1907

1909

El aviador francés Louis Bleriot cruza el Canal de la Mancha de Francia a Gran Bretaña.

Entre 1913 y 1927, las cadenas de montaje estadounidenses de Ford produjeron más de ¡quince millones de modelos T!

1910

Nace Jacques Cousteau.

Comienza la Revolución mexicana.

Roald Amundsen es la primera persona en alcanzar el Polo Sur

Cuando el noruego Roald Amundsen supo que Robert Perry se le había adelantado en llegar al Polo Norte, ¡dio media vuelta y se dirigió al sur!

Amundsen y su tripulación llegaron al Polo Sur en diciembre de 1911, ganando la carrera un mes antes que el británico Robert Scott. La carrera de Amundsen y Scott hacia el Polo fue seguida de cerca por todo el mundo. Pero Amundsen

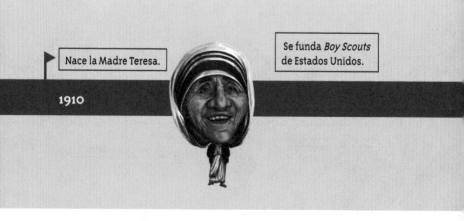

Nace la Madre Teresa.

Se funda *Boy Scouts* de Estados Unidos.

1910

era un explorador más experimentado, mejor preparado y acostumbrado a las condiciones polares. Scott y el último miembro de su tripulación se congelaron y murieron en el viaje de regreso a casa, solo a 11 millas de su depósito de suministros.

Roald Amundsen (1872–1928)

1911

Nace Lucille Ball.

Nace Ronald Reagan.

El hundimiento del Titanic

El RMS (*Royal Mail Ship*) Titanic era el barco más pesado y lujoso jamás construido. En abril de 1912, en su primer viaje, navegaba a toda velocidad por el Océano Atlántico hacia Nueva York desde Inglaterra. Llevaba unas 2200 personas, entre pasajeros y tripulación.

A las 11:40 p. m. de la clara y fría noche del 14 de abril, el vigía del barco divisó un iceberg. Pero era demasiado tarde para detenerse o girar. El barco más poderoso de la *White Star Line*

Nace Chuck Jones.

Nace Julia Child.

1912

estaba dañado y haciendo agua rápidamente. En dos horas, comenzó a hundirse. Y a las 2:20 de la mañana del 15 de abril, el Titanic se hundió en el océano.

Más de la mitad de las personas, 1503, murieron en el desastre. Pero el Titanic sigue vivo en películas, obras de teatro, programas de TV y libros, como el naufragio más famoso de la historia.

1913

Nace Rosa Parks.

Nace Jesse Owens.

La Primera Guerra Mundial (1914-1918)

Muchas causas contribuyeron a la Primera Guerra Mundial, como el deseo de los países de demostrar su patriotismo y poderío. Pero el suceso que provocó su inicio fue el asesinato del archiduque Francisco Fernando de Austria-Hungría y su esposa, Sofía, el 28 de junio de 1914. Fueron asesinados por un joven serbiobosnio mientras hacían un recorrido por Bosnia.

Austria-Hungría declaró la guerra a Serbia, y se formaron alianzas en toda Europa. Cuando

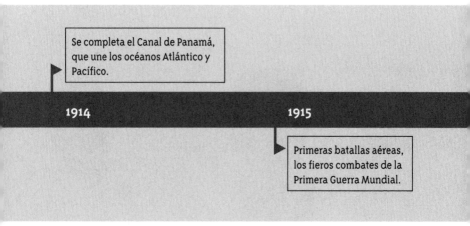

Se completa el Canal de Panamá, que une los océanos Atlántico y Pacífico.

1914

1915

Primeras batallas aéreas, los fieros combates de la Primera Guerra Mundial.

Alemania invadió Francia, la Primera Guerra Mundial (también llamada la Gran Guerra) estaba en marcha. La guerra fue librada por estos dos bandos:

Las Potencias Centrales	*Las Potencias Aliadas*
Austria-Hungría	Serbia
Alemania	Rusia
El Imperio otomano	Francia
Bulgaria	Gran Bretaña
	Bélgica
	y más tarde,
	Estados Unidos,
	Japón e Italia y otros

Nace Roald Dahl.

Los británicos usan tanques por primera vez en una batalla en la Primera Guerra Mundial.

1916

El fin de la Gran Guerra

En abril de 1917, los EE. UU. declararon la guerra a Alemania, entrando en la Primera Guerra Mundial. Después de que el gobierno ruso fuera derrocado y los líderes alemanes y austriacos renunciaran a sus tronos, se firmó el Tratado de Versalles. Este puso fin a la Primera Guerra Mundial oficialmente.

Principales términos del Tratado de Versalles, firmado el 28 de junio de 1919:

El explorador Ernest Shackleton y su equipo son rescatados de la Isla Elefante, frente a la costa de la Antártida.

El Congreso de EE. UU. crea el Servicio de Parques Nacionales.

1916

- Alemania tuvo que aceptar la responsabilidad exclusiva de la guerra.
- El ejército alemán se redujo a 100 000 soldados.
- Alemania tuvo que pagarle a otros países el daño ocasionado por la guerra.
- Alemania tuvo que devolverle a Francia la región de Alsacia-Lorena.

1917

Nace John F. Kennedy.

La Revolución rusa (1917)

Durante la Primera Guerra Mundial, Rusia luchaba con muchas bajas y escasez de alimentos. La vida era difícil y el pueblo ruso se esforzaba por sobrevivir. Después de que el zar Nicolás II se viera obligado a dimitir en 1917, Vladimir Ilich Lenin tomó el poder y estableció el sistema comunista: el Estado lo controlaría todo. Los miembros del grupo revolucionario de Lenin se llamaban bolcheviques. Más tarde se convirtieron en el Partido Comunista.

Nace Nelson Mandela.

Se funda la Real Fuerza Aérea Británica (RAF).

1918

Vladimir Lenin (1870–1924)

Finalizada la Primera Guerra Mundial, Rusia se fusionó con otras repúblicas soviéticas para formar la URSS (Unión de Repúblicas Socialistas Soviéticas, conocida como Unión Soviética) en 1922.

1919

Nace Jackie Robinson.

Nace Pete Seeger.

El descubrimiento de la tumba del Rey Tut

El arqueólogo inglés Howard Carter localizó la tumba del rey Tut en Egipto en noviembre de 1922. Estaba excavando en el Valle de los Reyes, en la orilla occidental del río Nilo. La expedición había sido pagada por George Herbert, quinto conde de Carnarvon. Y Carter esperó dos semanas completas a que Lord Carnarvon llegara de Inglaterra antes de abrir la puerta de la cámara funeraria al final de una escalera de piedra. Cuando entraron en la tumba, Carter y

Mohandas Gandhi es detenido por sedición (provocar disturbios), en la India.

Nace Stan Lee.

1922

su equipo encontraron estatuas, oro, carros, un trono, jarrones y otros tesoros del antiguo Egipto. Después de otra puerta encontraron la momia intacta del rey Tutankamón, el niño rey de Egipto que nació alrededor del año 1341 a. C.

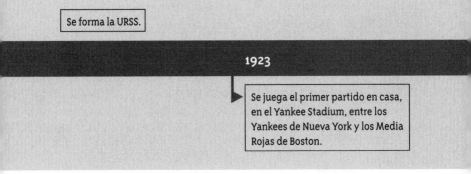

Se forma la URSS.

1923

Se juega el primer partido en casa, en el Yankee Stadium, entre los Yankees de Nueva York y los Media Rojas de Boston.

La era del Jazz

A medida que el transporte y la comunicación se hacían más fáciles y asequibles, la cultura estadounidense cambió para siempre. La economía mejoraba y las industrias se modernizaban. En la década de 1920 (los locos años veinte) las jornadas laborales eran más cortas, las semanas de trabajo más cortas y había más tiempo para divertirse, como bailar el Charlestón y el *Jitterbug*. La radio, el cine y los pasatiempos como el béisbol, se convirtieron en grandes negocios.

San Petersburgo, Rusia, es rebautizada como Leningrado.

Se concede la ciudadanía estadounidense a todos los nativos americanos.

1924

El Jazz

El Jazz, que se originó en Nueva Orleans y se extendió hacia el norte a ciudades como Chicago y Nueva York, es una combinación de música afroamericana y europea que se transformó en una música estadounidense verdaderamente única. El trompetista Louis Armstrong fue un pionero de la música Jazz durante la década de 1920 y posteriormente.

El Renacimiento de Harlem

Durante y después de la Primera Guerra Mundial, muchos afroamericanos se trasladaron del sur de EE. UU. al norte, en lo que se conoce como la Gran Migración. Buscando trabajo en ciudades más grandes con numerosas fábricas, formaron barrios prósperos como el llamado Harlem, en Nueva York.

El Renacimiento de Harlem de la década de 1920 fue un movimiento de artistas, escritores y músicos que se vieron influidos por el jazz y los

Nace María Tallchief.

1925

blues del Sur, y se animaron por el bullicio de la vida en la ciudad. El poeta Langston Hughes, el compositor y músico Duke Ellington y la escritora Zora Neale Hurston son algunos famosos que surgieron durante el Renacimiento de Harlem.

Se estrena *The Jazz Singer*, el primer largometraje sonoro.

1926   1927

Nace Fidel Castro.

El Monte Rushmore

El gobierno de los EE. UU. había arrebatado las *Black Hills* de Dakota del Sur a la tribu lakota tras la Gran Guerra Sioux de 1876. Cincuenta años después, Doane Robinson pensó en tallar la montaña para aumentar el turismo en la zona. En 1924, el escultor Gutzon Borglum se encargó de esculpirla. Con la ayuda de su hijo, Lincoln, comenzó a crear esculturas de 60 pies de altura de 4 presidentes: George Washington, Thomas Jefferson, Theodore Roosevelt y Abraham Lincoln. La voladura y tallado duró desde 1927 hasta 1941, cuando se terminó el monumento.

Nace César Chávez.

Nace Coretta Scott King.

1927

¿Pero quién era Rushmore?

El abogado neoyorquino Charles E. Rushmore fue enviado a Dakota del Sur en 1884 para verificar la legalidad de los títulos de propiedad de las tierras de la zona de *Black Hills*. Cuando preguntó cómo se llamaba la montaña, un guía local le dijo que "nunca había tenido un nombre. Pero a partir de ahora, la llamaremos 'Rushmore'".

El Plan Quinquenal de Stalin

Tras la muerte de Vladimir Ilich Lenin en 1924, el Partido Comunista de la URSS eligió un nuevo líder. Un funcionario del gobierno llamado José Stalin tomó el control con su Plan Quinquenal, en 1928.

Stalin quería transformar la URSS de una nación de granjas a una nación de fábricas, que produjera equipos militares y maquinaria pesada. El gobierno controlaba las tierras y las fábricas. Pero el pueblo soviético sufría los bajos salarios y

Nace Maya Angelou.

Nace Maurice Sendak.

1928

José Stalin (1878–1953)

las horribles condiciones de vida. Cualquiera que no estuviera de acuerdo con Stalin era asesinado o enviado a campos de trabajo en Siberia y obligado a realizar difíciles tareas en las minas y los bosques de la zona. El Plan Quinquenal de Stalin no tuvo éxito.

Amelia Earhart es la primera mujer que vuela a través del Océano Atlántico.

Nace Andy Warhol.

Los Tres Chiflados, Moe, Larry y Shemp, comienzan a actuar juntos.

Martes Negro

A medida que la economía estadounidense crecía y se expandía durante la década de 1920, las empresas, la industria y las granjas producían y vendían más bienes que nunca. Por primera vez, muchos ciudadanos de a pie (que no trabajaban en bancos, ni en empresas de inversión, ni en Wall Street, Nueva York) compraron acciones en estas empresas en auge. Invirtieron sus ahorros con la esperanza de participar algún día en los beneficios.

El 29 de octubre de 1929 (que se conoció como

Nace Martin Luther King.

Se celebran los primeros premios de la Academia en Hollywood, California.

1929

el Martes Negro), el valor de las acciones cayó de pronto y el mercado de valores estadounidense se "desplomó". Muchas personas perdieron los ahorros de toda su vida. Muchas empresas del país tuvieron que cerrar o reducir su tamaño, despidiendo trabajadores. El desempleo se convirtió en un gran problema. Incluso los que aún tenían trabajo, ya no podían gastar dinero como antes. La Gran Depresión se avecinaba.

Nace Anne Frank.

La Gran Depresión
(1929-1939)

El *crack* bursátil del Martes Negro de 1929 tuvo un gran impacto en la economía estadounidense:

- Veinte mil empresas quebraron.
- Más de 1600 bancos quebraron.
- Doce millones de personas se quedaron sin trabajo. Uno de cada veinte agricultores fue desalojado de sus tierras porque ya no podían pagar las hipotecas (los préstamos bancarios) de sus granjas.

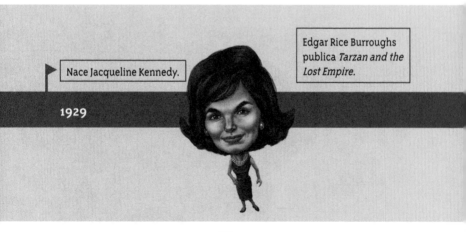

Nace Jacqueline Kennedy.

Edgar Rice Burroughs publica *Tarzan and the Lost Empire.*

1929

Herbert Hoover (1874–1964)

El presidente de EE. UU., Herbert Hoover, era republicano. Creía que no era responsabilidad del gobierno brindarles ayuda financiera a los individuos. En 1932, Hoover dijo: "La prosperidad está a la vuelta de la esquina". Pero estaba muy equivocado al respecto.

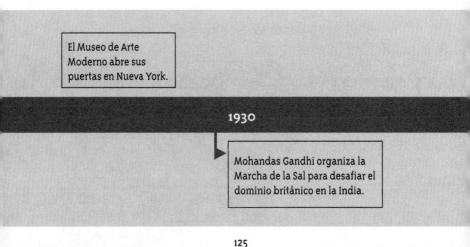

El Museo de Arte Moderno abre sus puertas en Nueva York.

1930

Mohandas Gandhi organiza la Marcha de la Sal para desafiar el dominio británico en la India.

El Nuevo Acuerdo de FDR

Franklin Delano Roosevelt (1882–1945)

Franklin D. Roosevelt (FDR), demócrata, fue elegido presidente en 1932. Promulgó un programa llamado Nuevo Acuerdo para recuperar la economía del país. Incluía ayudas para los

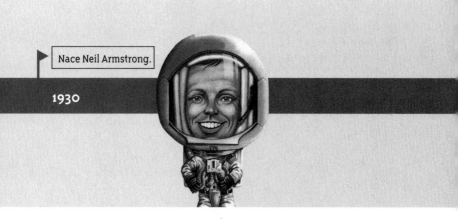

Nace Neil Armstrong.

1930

agricultores y los desempleados. Creó puestos de trabajo en la construcción de puentes, etc.

FDR diseñó un segundo Nuevo Acuerdo en 1935, estableciendo la *Works Progress Administration* para crear más de tres millones de puestos de trabajo. El segundo "acuerdo" también incluía la Ley de Seguridad Social, que creó un sistema nacional al que los trabajadores contribuían para ahorrar dinero para su jubilación.

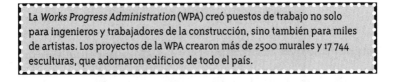

La *Works Progress Administration* (WPA) creó puestos de trabajo no solo para ingenieros y trabajadores de la construcción, sino también para miles de artistas. Los proyectos de la WPA crearon más de 2500 murales y 17 744 esculturas, que adornaron edificios de todo el país.

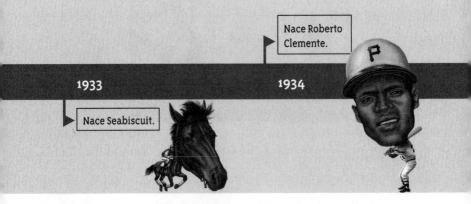

Nace Roberto Clemente.

1933   1934

Nace Seabiscuit.

Nacimiento del *Cómic*

En 1933, *Eastern Color Printing* publicó *Famous Funnies #1*, considerado el primer *Cómic* estadounidense. Contenía historietas, juegos, rompecabezas y trucos de magia.

El Sultán de Swat

En 1927, Babe Ruth firmó un contrato con los Yankees de Nueva York por valor de 70 000 dólares anuales durante tres años. Ese año, consiguió 60 jonrones. "El Bambino" (como se le conocía) pasó a ser el mejor jugador de béisbol de todos los tiempos.

El 13 de julio de 1934, dio su jonrón número 700. Su número 3 fue retirado por los Yankees el 13 de junio de 1948, durante su última aparición en el Yankee Stadium, que se conocía como "La casa que Ruth construyó".

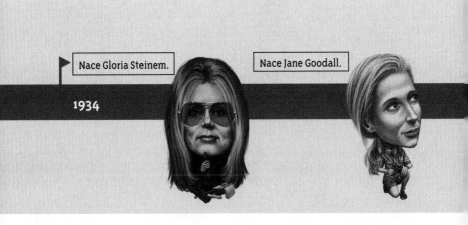

Nace Gloria Steinem.

Nace Jane Goodall.

1934

Los Juegos Olímpicos de Berlín de 1936 y el corredor más rápido del mundo

El Partido Nazi, dirigido por Adolfo Hitler, había llegado al poder en Alemania tres años antes de los Juegos Olímpicos de Berlín de 1936. Hitler esperaba que los Juegos demostraran su creencia de que los blancos (y especialmente los blancos alemanes) eran la mejor raza del mundo. Sus ideas racistas crearon tensión entre los atletas y algunos países amenazaron con boicotear los

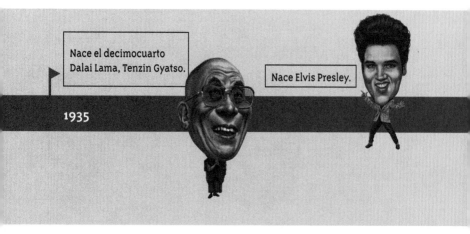

Nace el decimocuarto Dalai Lama, Tenzin Gyatso.

Nace Elvis Presley.

1935

juegos. El corredor afroamericano Jesse Owens sorprendió a Hitler y al mundo al ganar 4 medallas de oro para EE. UU. Fue el atleta más exitoso que compitió en Berlín y rompió o igualó 9 récords olímpicos. Y estableció tres nuevos récords mundiales. Jesse Owens (un hombre negro) era el hombre más rápido del mundo.

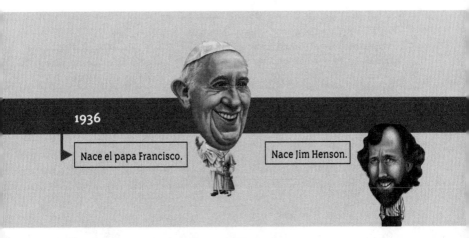

1936

Nace el papa Francisco.

Nace Jim Henson.

Alemania invade Polonia

Adolfo Hitler (1889–1945)

Adolfo Hitler y el Partido Nazi querían dominar Europa creando un imperio que llamaron el Tercer Reich. (*Reich* significa "imperio" en alemán.) Hitler formó alianzas con Italia (y más tarde con Japón) y comenzó a mover sus ejércitos hacia

Pablo Picasso completa uno de sus cuadros más famosos, el *Guernica*, como protesta antibélica después de que Alemania bombardeara la ciudad española de Guernica.

Amelia Earhart desaparece sobre el Océano Pacífico.

1937

Checoslovaquia. En septiembre de 1939, invadió Polonia.

Gran Bretaña y Francia vieron la terrible amenaza que era Hitler y declararon la guerra a Alemania. La Segunda Guerra Mundial había comenzado.

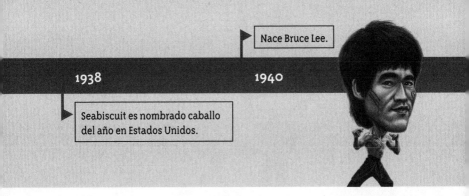

Nace Bruce Lee.

1938   1940

Seabiscuit es nombrado caballo del año en Estados Unidos.

La Segunda Guerra Mundial

Estados Unidos entró en la Segunda Guerra Mundial el 7 de diciembre de 1941, después de que los japoneses bombardearan la base naval de Pearl Harbor, en Hawai. Los dos bandos enfrentados eran:

Las Potencias del Eje	*Las Potencias Aliadas*
Alemania	Gran Bretaña
Italia	Francia
Japón	URSS
	Estados Unidos
	China

Nace Bob Dylan.

1941

El Holocausto

En los países ocupados por los nazis, los judíos fueron forzados a vivir en guetos. En 1942, Hitler ordenó trasladar a los judíos de los guetos y matarlos. Lo llamó la solución final. Once millones de personas murieron en el Holocausto, que significa "sacrificio por el fuego". Los llevaron a campos de concentración donde murieron de hambre, o en las cámaras de gas. Murieron 6 millones de judíos y otros 5 millones de personas que incluían a discapacitados, homosexuales, católicos y todo el que se opusiera a los nazis.

1942

Nace Muhammad Ali.

Bing Crosby graba la canción *White Christmas*, que se convierte en la más popular del mundo.

El Día D

El 6 de junio de 1944, las fuerzas Aliadas desembarcaron en el norte de Francia en las playas de Normandía. Pronto liberaron a Francia de los alemanes, y comenzaron a liberar al resto de Europa de las potencias del Eje.

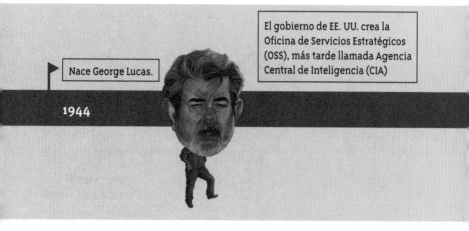

Nace George Lucas.

El gobierno de EE. UU. crea la Oficina de Servicios Estratégicos (OSS), más tarde llamada Agencia Central de Inteligencia (CIA)

1944

El DUKW

El éxito de los Aliados en el Día D se debió en parte a los camiones de 6 ruedas que transportaban suministros y tropas. Conocidos como "patos", estos vehículos construidos en EE. UU. eran anfibios, es decir, podían utilizarse tanto en tierra (como camiones) como en el agua (como barcos).

El lanzamiento de las bombas atómicas

Las armas de la Segunda Guerra Mundial eran más mortales que las de cualquier otra guerra anterior. El 6 de agosto de 1945, EE. UU. lanzó una bomba atómica sobre Hiroshima (Japón), matando a 66 000 personas al instante y a 140 000 al final del año.

Japón se negó a rendirse, y tres días después EE. UU. lanzó una segunda bomba sobre la ciudad de Nagasaki, matando entre 60 000 y 80 000 civiles japoneses más.

Nace Bob Marley.

1945

El 14 de agosto de 1945, Japón se rindió. La rendición se firmó el 2 de septiembre y la Segunda Guerra Mundial llegó oficialmente a su fin.

1946

Nace Dolly Parton.

Nace Steven Spielberg.

La creación de las Naciones Unidas

A l final de la Segunda Guerra Mundial, 51 países firmaron una carta para crear una comunidad mundial de naciones independientes. Esta comunidad se llama Organización de las

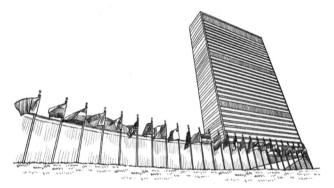

Encuentran el primero de los rollos del Mar Muerto, con manuscritos parciales del *Antiguo Testamento de la Biblia*, en cuevas a lo largo de la orilla occidental del río Jordán.

Nace Elton John.

1947

Naciones Unidas (ONU). Está comprometida a proteger la paz internacional y actuar contra los países que amenacen con la guerra.

En la ONU hay 193 naciones miembros con igual representación en la Asamblea General de la ONU. Tiene su sede en Nueva York.

Jackie Robinson se convierte en el primer jugador negro de las grandes ligas de béisbol, jugando en primera base con los Dodgers de Brooklyn.

Nace Hillary Clinton.

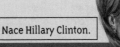

La India se independiza de Gran Bretaña

Tras décadas de resistencia pacífica, protestas y marchas, el pueblo indio consiguió su independencia del dominio británico en 1947. Mohandas Gandhi lideró la causa con su ejemplo pacífico. A menudo se le llama Mahatma, que significa "alma grande".

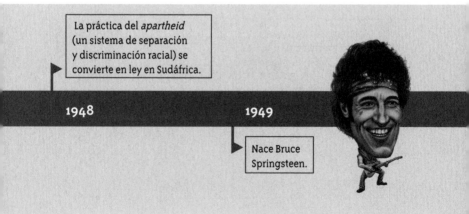

La práctica del *apartheid* (un sistema de separación y discriminación racial) se convierte en ley en Sudáfrica.

1948

1949

Nace Bruce Springsteen.

Creación del Estado de Israel

En 1947, las Naciones Unidas declararon que parte del territorio de Palestina (entonces controlado por los británicos) se convirtiera en un estado como patria para el pueblo judío. Y en 1948 se formó oficialmente Israel. A los árabes musulmanes que vivían en Palestina (la Franja de Gaza y Cisjordania), así como a los países árabes vecinos, no les gustó la decisión de la ONU. El conflicto entre Palestina e Israel continúa hasta hoy.

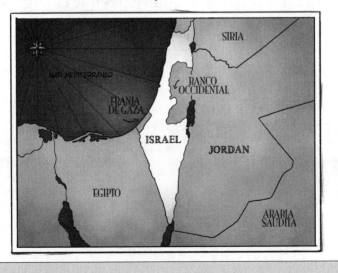

La Guerra Fría

Después de la Segunda Guerra Mundial, crecieron las tensiones entre EE. UU. y Europa Occidental, por un lado, y la URSS y Europa del Este, por otro. En 1949, Alemania se dividió en dos países: Alemania Occidental (controlada por los aliados) y Alemania Oriental (controlada por la URSS). La capital, Berlín, estaba dividida por un muro que simbolizaba la división entre los dos bandos enfrentados.

Los dos países más influyentes que emergieron de la Segunda Guerra Mundial fueron EE. UU.

Nace Richard Branson.

Después de que las fuerzas comunistas de Corea del Norte atacaron a Corea del Sur, la ONU acordó enviar tropas para ayudar a Corea del Sur.

1950

y la URSS. Conocidas como "superpotencias", estos bandos no luchaban en un campo de batalla. Estaban librando una guerra "fría" sobre los ideales del comunismo y la democracia. EE. UU. no cree que un gobierno deba poseer y controlar todas las fábricas, granjas y negocios, los comunistas sí. Y los gobiernos comunistas no permiten elecciones libres ni libertad de expresión, como en una democracia. Durante la Guerra Fría, EE. UU. creía que tenía que defender la democracia contra la expansión del comunismo en el mundo.

El primer ministro británico Winston Churchill dijo: "Una cortina de hierro ha caído sobre el continente". "Cortina de hierro" fue la forma de referirse a la separación entre Europa Oriental y Occidental en la Guerra Fría.

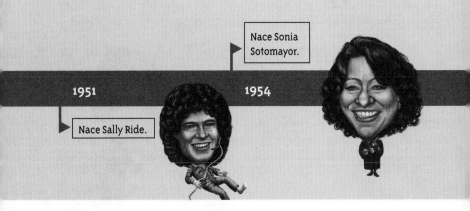

1951

Nace Sally Ride.

1954

Nace Sonia Sotomayor.

La guerra de Vietnam (1 de noviembre de 1955- 30 de abril de 1975)

En 1954, Vietnam estaba dividido en el Norte comunista y el Sur anticomunista. El presidente de EE. UU. Dwight Eisenhower envió dinero y armas para apoyar al ejército de Vietnam del Sur. Pero el Sur estaba plagado de fuerzas comunistas rebeldes del Norte, llamadas Vietcong. El ejército de Vietnam del Sur perdía el control de su territorio. En 1955, China y la URSS prometieron ayuda a los norvietnamitas. Los

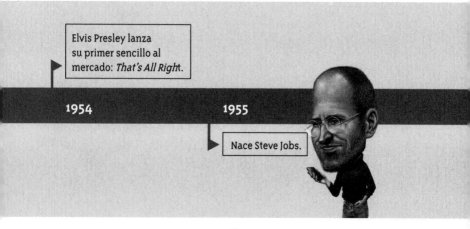

Elvis Presley lanza su primer sencillo al mercado: *That's All Right.*

1954

1955

Nace Steve Jobs.

EE. UU. entraron en la guerra para tratar de detener al ejército norvietnamita y evitar que el comunismo llegara al Sur. Pero las selvas vietnamitas eran un territorio difícil para las tropas estadounidenses. Al igual que en la guerra de Corea, de 1950 a 1953, EE. UU. no logró derrotar a los comunistas del Norte.

Nace Bill Gates.

Rosa Parks es detenida en Montgomery, Alabama, por negarse a ceder su asiento en el autobús a un pasajero blanco.

Los Nueve de Little Rock

Desde el final de la Guerra Civil estadounidense, las leyes racistas "Jim Crow" separaban a los blancos de los negros en la vida pública: bebederos, autobuses y escuelas. La decisión de la Corte Suprema de 1896 permitió la segregación, siempre que las instalaciones estuvieran "separadas pero iguales". Pero las escuelas públicas para los negros eran más malas que las de los blancos. Por ello, en 1954, la Corte Suprema decidió la integración de las escuelas públicas, o sea, la misma escuela para negros y blancos.

Se funda el *Southern Christian Leadership Council* con Martin Luther King Jr. como presidente.

Se crea la Fundación Ana Frank, en Amsterdam.

1957

Los segregacionistas retrasaron el proceso de integración escolar durante años a pesar de la sentencia de la Corte Suprema. En 1957, un juez ordenó a la *Little Rock Central High School*, de Little Rock, Arkansas, que admitiera a 9 estudiantes negros. Pero el gobernador de Arkansas utilizó a los soldados de la Guardia Nacional del estado para mantener a los estudiantes negros fuera de la escuela durante 3 semanas. El presidente Dwight Eisenhower envió tropas federales para proteger a los estudiantes, conocidos como Los Nueve de Little Rock, cuando entraron en la escuela.

Sale al aire la emisión final del *show* de TV *I Love Lucy*.

El presidente Eisenhower firma la Ley de Derechos Civiles de 1957 para proteger los derechos al voto de todos los ciudadanos.

La carrera espacial

La Unión Soviética lanzó el primer satélite hecho por el hombre, llamado Sputnik, en 1957. Fue el primer objeto enviado al espacio. Dos años después, lanzaron el Luna 2. Esto impulsó a EE. UU. y a la URSS a una "carrera espacial" para ver cuál sería el primero en enviar seres humanos al espacio y cuál llegaría primero a la Luna. Esta carrera llevó a la creación y financiación de la NASA en Estados Unidos.

La NASA, la Administración Nacional de Aeronáutica y del Espacio, se fundó en 1958.

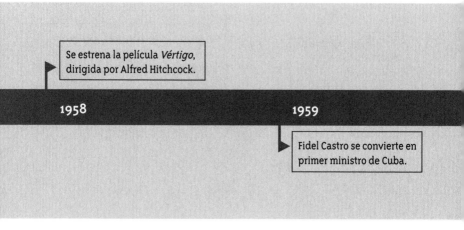

Se estrena la película *Vértigo*, dirigida por Alfred Hitchcock.

1958

1959

Fidel Castro se convierte en primer ministro de Cuba.

En 1960, la NASA creó el proyecto Mercury para probar si los humanos podían sobrevivir en el espacio. Estaba decidida a que un estadounidense llegara a la Luna a finales de la década. El 5 de mayo de 1961, Alan Shepard fue el primer estadounidense en viajar al espacio, menos de un mes después de Yuri Gagarin, que realizó el primer vuelo el 12 de abril de 1961.

Yuri Gagarin (1934–1968) y Alan Shepard (1923–1998)

Se forman los Beatles.

1960

La crisis de los misiles en Cuba

En 1959, el dictador comunista Fidel Castro se convirtió en el primer ministro de Cuba. La isla de Cuba está solo a 90 millas de EE. UU., y el gobierno estadounidense estaba decidido a sacar a Castro del poder, en parte porque su gobierno se había vuelto dependiente de la Unión Soviética para el apoyo militar y económico. Pero la invasión de 1961 (conocida como Invasión de Bahía de Cochinos, por su ubicación en Cuba) fracasó. En octubre de 1962, EE. UU. detectó

Nace Wayne Gretzky.

El presidente de EE. UU., John F. Kennedy, anuncia la creación de los Cuerpos de Paz.

1961

emplazamientos de misiles soviéticos en Cuba. El presidente John F. Kennedy ordenó un bloqueo naval para impedir que los barcos soviéticos llevaran armas nucleares a la isla. El bloqueo (del 16 al 28 de octubre) tuvo éxito y los misiles fueron retirados. A su vez, EE. UU. aceptó no invadir Cuba. Así terminó la crisis de los misiles.

El presidente estadounidense John F. Kennedy anuncia las misiones a la Luna.

Nace la princesa Diana.

Nace Barack Obama.

Marcha en Washington por el empleo y la libertad

El 28 de agosto de 1963, Martin Luther King Jr. encabezó una marcha en Washington, DC. Más de 250 000 personas de todo EE. UU. marcharon con él. Llegaron para mostrar su apoyo al proyecto de ley de derechos civiles que el presidente Kennedy había solicitado al Congreso dos meses antes. Este apoyaba la igualdad de derechos para todos los estadounidenses.

Cerca del *Lincoln Memorial*, el reverendo King habló de su sueño de unidad. Con su mensaje de

Se forman los Rolling Stones.

Nace Steve Irwin.

1962

hermandad y libertad, se convirtió en la voz del movimiento por los derechos civiles e inspiró a generaciones de activistas por los derechos civiles. La Marcha fue una de las mayores concentraciones políticas a favor de los derechos humanos en la historia de EE. UU.

Nelson Mandela es detenido en Sudáfrica.

El *Spiderman* de Stan Lee debuta en *Marvel Comics Amazing Fantasy #15*

La invasión británica

En febrero de 1964, un periodista de la CBS, al comentar la llegada de los Beatles a EE. UU., dijo: "La invasión británica esta vez lleva el nombre de *Beatlemanía*". Se refería a que, a diferencia de los soldados, esta vez sería la música británica la que venía a conquistar los corazones de los aficionados de EE. UU.

A mediados de la década de 1960, muchos artistas de Gran Bretaña se habían hecho muy populares en EE. UU. Los Beatles, los Rolling Stones, Herman's Hermits, Dave Clark Five,

Nace Michelle Obama.

El Congreso de EE. UU. aprueba la Ley de Derechos Civiles el 2 de julio de 1964.

1964

Dusty Springfield y los Animals combinaron los estilos musicales, la moda y la cultura británica y estadounidense y los llevaron a EE. UU.

La *Beatlemanía* describía la intensa devoción de los fans por la banda y todo lo relacionado con los Beatles. Esta duró desde 1963 hasta 1970.

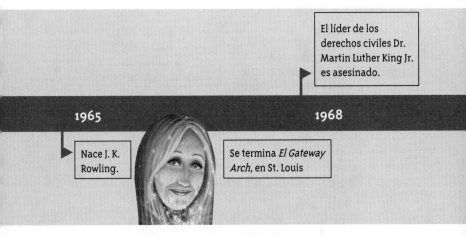

El líder de los derechos civiles Dr. Martin Luther King Jr. es asesinado.

1965

1968

Nace J. K. Rowling.

Se termina *El Gateway Arch*, en St. Louis

Woodstock

Del 15 al 18 de agosto de 1969, medio millón de personas asistieron a "3 días de paz y música", conocidos como la Feria de Música y Arte de Woodstock. Treinta y dos artistas tocaron al aire libre en una granja de Nueva York un fin de semana que definió a toda una generación contracultural de jóvenes.

> Contracultura: Una forma de vida que se opone (y a menudo rechaza) lo que es aceptado como "normal" por la mayoría de la sociedad.

Neil Armstrong se convierte en el primer ser humano en pisar la Luna.

Sesame Street debuta en PBS.

1969

El variado cartel de Woodstock incluía a: Ravi Shankar, Jimi Hendrix, Janis Joplin, Joan Baez, Santana, Grateful Dead, Richie Havens, Arlo Guthrie, Jefferson Airplane y Crosby, Stills, Nash & Young, entre otros.

1970

Los Beatles se separan y lanzan su último álbum, *Let It Be*.

Se celebra el primer Día de la Tierra.

Magazín *Ms.*

En 1971, Gloria Steinem y Dorothy Pitman Hughes cofundaron *Ms.*, una revista que iba a ser una voz para las mujeres, creada por mujeres. Promovía el feminismo en todos los aspectos de nuestra cultura.

> Feminismo: Apoyar los derechos de la mujer y la igualdad

Nace Jeff Kinney.

Nace Selena.

1971

1973

Se retiran las tropas estadounidenses de Vietnam.

Watergate

Las audiencias televisadas del escándalo *Watergate* comenzaron el 17 de mayo de 1973 y cautivaron a la nación. Un año antes, activistas que trabajaban para reelegir al presidente Richard Nixon habían irrumpido en la sede del Comité Nacional Demócrata en el complejo de oficinas de *Watergate*. Esperaban descubrir secretos que guardaba el Partido Demócrata. Las audiencias condujeron al proceso de destitución del presidente Nixon (y a su dimisión).

Nace Derek Jeter.

1974   **1975**

Se unifican Vietnam del Norte y del Sur.

La película *Jaws*, dirigida por Steven Spielberg, se convierte en el primer éxito de taquilla del verano.

El levantamiento de Soweto

En abril de 1976, los alumnos negros de la *Orlando West Junior School* se negaron a ir a la escuela. Protestaban porque el gobierno sudafricano había introducido el afrikáans (una lengua holandesa que los colonos habían traído a Sudáfrica en el siglo XVII) como lengua estándar para las Matemáticas y las Ciencias. La mayoría de los estudiantes no entendía el afrikáans. Preferían que se les enseñara en inglés. La resistencia se extendió por todo el Soweto. El 16 de junio de

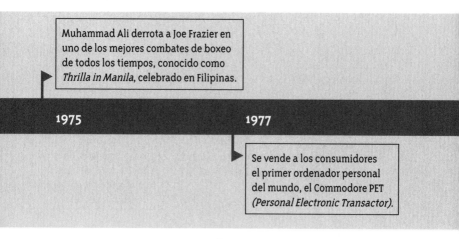

Muhammad Ali derrota a Joe Frazier en uno de los mejores combates de boxeo de todos los tiempos, conocido como *Thrilla in Manila*, celebrado en Filipinas.

1975   1977

Se vende a los consumidores el primer ordenador personal del mundo, el Commodore PET *(Personal Electronic Transactor).*

1976, alrededor de 20 mil estudiantes protestaron en las calles. La policía respondió con una violencia terrible, disparando contra la multitud de niños. Cientos de personas murieron ese día y miles resultaron heridas. Debido al levantamiento, y a la atención que atrajo de países de todo el mundo, el gobierno de Sudáfrica se vio obligado a abordar su política de apartheid. El 16 de junio se llama ahora Día de la Juventud en Sudáfrica en homenaje al Levantamiento de Soweto.

El sistema del *apartheid* era de separación racial (segregación) en Sudáfrica. Aunque los negros eran la mayoría de la población, tenían muy pocos derechos. Solo los sudafricanos blancos, la minoría, podían votar. Hasta 1994 no se celebraron las primeras elecciones democráticas y los ciudadanos negros de Sudáfrica pudieron votar.

Se retira Pelé, la estrella internacional del fútbol.

El transbordador espacial *Enterprise* de la NASA realiza su primer vuelo de prueba.

Que la fuerza te acompañe

El estreno de *Star Wars*, en 1977, inauguró una nueva era de magia cinematográfica y de narración. El relato del escritor y director George Lucas sobre una galaxia muy, muy lejana, comenzó una historia sobre una nueva lucha entre el bien y el mal. El poder de la fuerza, la energía que conecta todas las cosas en la galaxia, está presente en todas las formas de vida y es fundamental en la película.

Durante más de cuarenta años y por varias generaciones, la *Star Wars* original (llamada ahora *A New Hope*, o simplemente "IV") ha generado su propio imperio de secuelas, precuelas, productos y devotos fans en todo el mundo.

La boda del siglo

El 29 de julio de 1981, Lady Diana Spencer se convirtió en la Princesa de Gales al casarse con el príncipe Carlos de Inglaterra en una ceremonia celebrada en la Catedral de San Pablo de Londres. El mundo quedó cautivado por cada detalle del evento, y se calcula que 750 millones de personas lo sintonizaron por televisión.

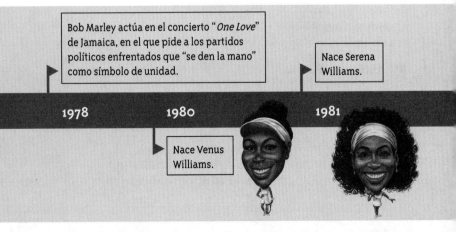

Bob Marley actúa en el concierto "*One Love*" de Jamaica, en el que pide a los partidos políticos enfrentados que "se den la mano" como símbolo de unidad.

Nace Serena Williams.

1978   1980   1981

Nace Venus Williams.

La caída del Muro de Berlín

El 9 de noviembre de 1989, el gobierno comunista de Alemania Oriental anunció que sus ciudadanos podían visitar Berlín Occidental y Alemania Occidental por primera vez desde 1961. Las multitudes se reunieron para cruzar la frontera, escalar el muro que dividía la ciudad y celebrarlo. Se derribó el enorme muro con herramientas e incluso con las manos. Algunos se llevaron trozos del muro como recuerdo. El muro tenía una longitud de 66 millas y más de 11 pies

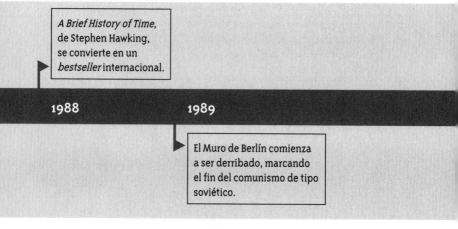

A Brief History of Time, de Stephen Hawking, se convierte en un *bestseller* internacional.

1988   1989

El Muro de Berlín comienza a ser derribado, marcando el fin del comunismo de tipo soviético.

de altura. Había dividido a una ciudad y a una nación durante décadas. La demolición oficial, llevada a cabo por el gobierno alemán, duró de 1990 a 1992.

La "caída del muro" provocó la caída de los gobiernos comunistas en toda Europa del Este, el colapso de la Unión Soviética y el fin de la Guerra Fría. Esto allanó el camino para la reunificación de Alemania (la unión del Este y el Oeste en una sola nación democrática) el 3 de octubre de 1990, lo que ahora se conoce como el "Día de la Unidad".

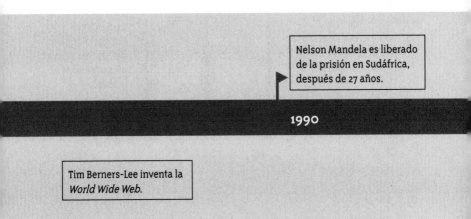

Nelson Mandela es liberado de la prisión en Sudáfrica, después de 27 años.

1990

Tim Berners-Lee inventa la *World Wide Web*.

TY lanza los juguetes *Beanie Babies*.

El terrorista Timothy McVeigh pone una bomba en el edificio federal Murrah de Oklahoma City, matando a 168 personas.

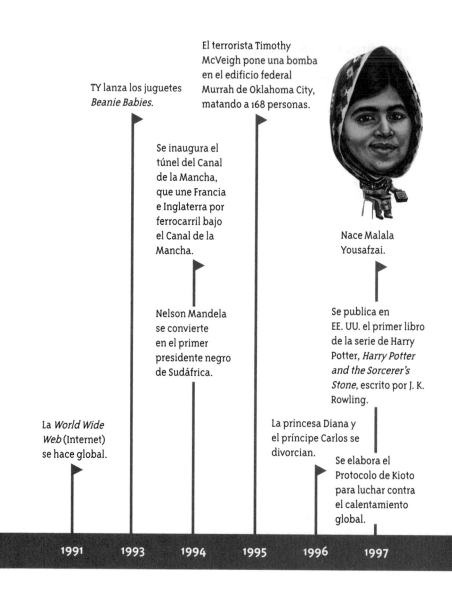

Se inaugura el túnel del Canal de la Mancha, que une Francia e Inglaterra por ferrocarril bajo el Canal de la Mancha.

Nace Malala Yousafzai.

Nelson Mandela se convierte en el primer presidente negro de Sudáfrica.

Se publica en EE. UU. el primer libro de la serie de Harry Potter, *Harry Potter and the Sorcerer's Stone*, escrito por J. K. Rowling.

La *World Wide Web* (Internet) se hace global.

La princesa Diana y el príncipe Carlos se divorcian.

Se elabora el Protocolo de Kioto para luchar contra el calentamiento global.

| 1991 | 1993 | 1994 | 1995 | 1996 | 1997 |

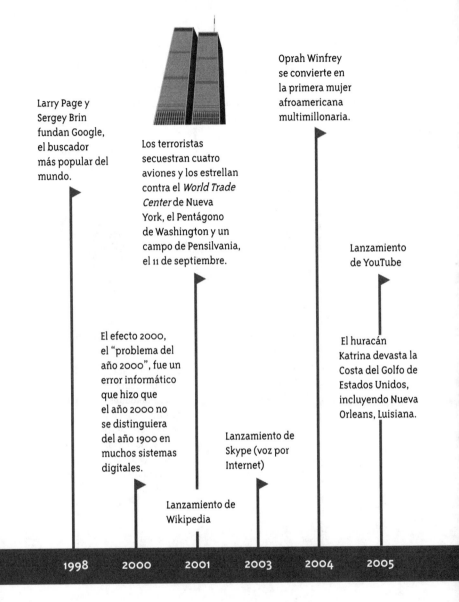

Larry Page y Sergey Brin fundan Google, el buscador más popular del mundo.

Los terroristas secuestran cuatro aviones y los estrellan contra el *World Trade Center* de Nueva York, el Pentágono de Washington y un campo de Pensilvania, el 11 de septiembre.

Oprah Winfrey se convierte en la primera mujer afroamericana multimillonaria.

Lanzamiento de YouTube

El efecto 2000, el "problema del año 2000", fue un error informático que hizo que el año 2000 no se distinguiera del año 1900 en muchos sistemas digitales.

Lanzamiento de Skype (voz por Internet)

El huracán Katrina devasta la Costa del Golfo de Estados Unidos, incluyendo Nueva Orleans, Luisiana.

Lanzamiento de Wikipedia

1998   2000   2001   2003   2004   2005

Apple presenta el iPhone.

Sonia Sotomayor se convierte en la primera hispana en formar parte de la Corte Suprema de EE. UU.

La activista pakistaní Malala Yousafzai es abatida por un pistolero talibán; pero sobrevive.

Barack Obama se convierte en el primer afroamericano elegido presidente de EE. UU.

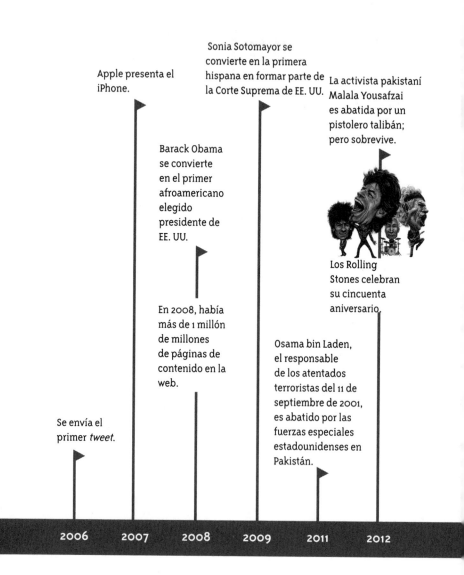

Los Rolling Stones celebran su cincuenta aniversario.

En 2008, había más de 1 millón de millones de páginas de contenido en la web.

Osama bin Laden, el responsable de los atentados terroristas del 11 de septiembre de 2001, es abatido por las fuerzas especiales estadounidenses en Pakistán.

Se envía el primer *tweet*.

| 2006 | 2007 | 2008 | 2009 | 2011 | 2012 |

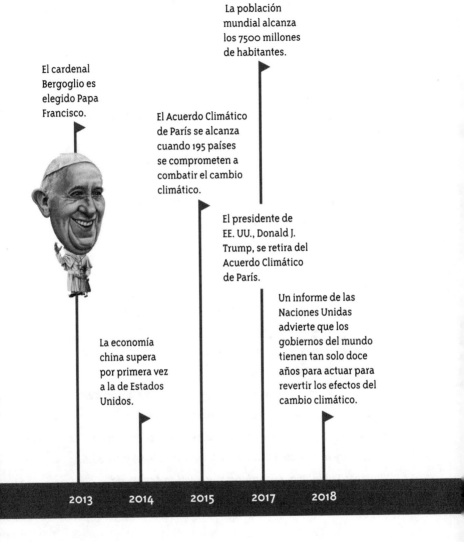

El cardenal Bergoglio es elegido Papa Francisco.

La población mundial alcanza los 7500 millones de habitantes.

El Acuerdo Climático de París se alcanza cuando 195 países se comprometen a combatir el cambio climático.

El presidente de EE. UU., Donald J. Trump, se retira del Acuerdo Climático de París.

Un informe de las Naciones Unidas advierte que los gobiernos del mundo tienen tan solo doce años para actuar para revertir los efectos del cambio climático.

La economía china supera por primera vez a la de Estados Unidos.

2013   2014   2015   2017   2018

Bibliografía

*Libros para jóvenes lectores

*Belviso, Meg, and Pam Pollack. *Who Was Alexander Hamilton?*
New York: Penguin Workshop, 2017.

*Belviso, Meg, and Pam Pollack. *Who Was Nelson Mandela?*
New York: Penguin Workshop, 2014.

DK. *Timelines of History*, 2nd ed. New York: DK Publishing, 2018.

*DK. *When on Earth?* 1st American ed. New York: DK Publishing,
2015.

*Fabiny, Sarah. *Who Was Fidel Castro?* New York: Penguin
Workshop, 2017.

Haugen, Peter. *World History for Dummies.* 2nd ed. Hoboken,
NJ: Wiley, 2009.

*McDonough, Yona Zeldis. *Who Was Harriet Tubman?* New York:
Penguin Workshop, 2002.

*Waterfield, Kathryn, and Robin Waterfield. *Who Was Alexander
the Great?* New York: Penguin Workshop, 2016.

*Workman Publishing. *Everything You Need to Ace American
History in One Big Fat Notebook*. New York: Workman, 2016.

*Workman Publishing. *Everything You Need to Ace World
History in One Big Fat Notebook*. New York: Workman, 2016.